12周像乔丹一样飞

乔丹、科比御用训练师超强闭门训练计划
迅速打造NBA运动员体格

[美]蒂姆·S.格罗弗（Tim S. Grover）◎著
易 伊 ◎译

SPM
南方出版传媒
广东人民出版社
·广州·

图书在版编目（CIP）数据

12周像乔丹一样飞/（美）格罗弗著；易伊译. —广州：广东人民出版社，2016.3

ISBN 978-7-218-10706-6

Ⅰ．①1… Ⅱ．①格… ②易… Ⅲ．①运动训练 Ⅳ．① G808.1

中国版本图书馆 CIP 数据核字（2016）第 015477 号

Simplified Chinese Translation copyright © 2016 by Grand China Publishing House
JUMP ATTACK: THE FORMULA FOR EXPLOSIVE ATHLETIC PERFORMANCE, JUMPING HIGHER, AND TRAINING LIKE THE PROS
Original English Language edition Copyright © 2014 by Tim S. Grover
Published by arrangement with the original publisher, Scribner a division of Simon & Schuster, Inc.
through Andrew Numberg Associates International Limited.
All Rights Reserved.

No part of this book may be used or reproduced in any manner whatever without written permission except in the case of brief quotations embodied in critical articles or reviews.

本书中文简体字版通过 Grand China Publishing House（中资出版社）授权广东人民出版社在中国大陆地区出版并独家发行。未经出版者书面许可，本书的任何部分不得以任何方式抄袭、节录或翻印。

12ZhouXiangQiaoDanYiYangFei
12周像乔丹一样飞
[美] 蒂姆·S.格罗弗 著；易 伊 译　　　　　　版权所有　翻印必究

出版人：曾　莹

策　　划：中资海派
执行策划：黄　河　桂　林
责任编辑：肖风华　古海阳　张　静
特约编辑：宋金龙　余　涛
版式设计：张　英　何星星
封面设计：张　英

出版发行：广东人民出版社
地　　址：广州市大沙头四马路 10 号（邮政编码：510102）
电　　话：(020) 83798714（总编室）
传　　真：(020) 83780199
网　　址：http://www.gdpph.com
印　　刷：深圳市精彩印联合印务有限公司
开　　本：787mm×1092mm　1/16
印　　张：16　字　数：195 千
版　　次：2016 年 3 月第 1 版　2020 年 6 月第 7 次印刷
定　　价：38.00 元

如发现印装质量问题，影响阅读，请与出版社 (020-83795749) 联系调换。
售书热线：(020) 83795240

致中国读者信

To my friends in China:

It has been my honor to train many great Chinese athletes, including Liu Xiang, and now it is my honor to train you.

Jump ATTACK is the same program I created for Michael Jordan and Kobe Bryant. It worked for them, and it will work for you. This is how the best get better.

Tim D. Grover

致我的中国朋友：

  能够训练包括刘翔在内的优秀中国运动员，我十分荣幸。如今，本书得以在中国面世，我更是欣喜不已。

  书中介绍的"跳跃攻击"训练方法与我训练乔丹、科比的方法并无二致，他们用我的方法统治了时代，相信你也可以借此成就非凡。

蒂姆·S.格罗弗

权威推荐

吴 波　广州市阅读推广大使、《广州日报》记者

　　如果《野蛮进化》是教你如何在生活中坚持不懈，那么《12周像乔丹一样飞》就是教你如何在训练中百折不挠。遵循这本书的建议，你将得到爆发式提升的运动能力和更高的运动成绩、更紧实的肌肉和更强健的体魄，以及强大的意志力和耐力。

迈克尔·乔丹　篮球之神

　　蒂姆·格罗弗已经证明了自己顶级训练师的地位。在我心目中，蒂姆独一无二，他在我的训练体系中起到了无法估量的价值。蒂姆负责、细心、热情、精力充沛，技能高超。

科比·布莱恩特　绰号"小飞侠"
洛杉矶湖人队球员　5次获得NBA总冠军

　　如果你想选择一个能够把你打造成超级战士的人，来看看蒂姆·格罗弗是怎么训练我和乔丹的吧。在他的帮助下，我达到了自己运动能力的巅峰。

德怀恩·韦德 绰号"闪电侠"

迈阿密热火队球员 3次获得NBA总冠军

  所有和蒂姆·格罗弗合作过的人都知道他能把运动能力提升到下一个境界。他让我保持竞技状态。他说什么我就去做什么,因为我相信他。

查尔斯·巴克利 绰号"空中飞猪"

NBA 50大巨星之一 名人堂成员

  蒂姆·格罗弗是篮球界精神训练的大师。他的方法和"跳跃攻击"训练体系是取得任何领域成功的关键。他是世界上最厉害的。

帕特·莱利 绰号"神算子"

NBA传奇教练 7次率队夺得NBA总冠军

  在我整个教练生涯中,在激发和训练世界级运动员方面,没有人能比得上蒂姆·格罗弗。

《纽约时报》

  过去二十年,蒂姆·格罗弗以训练职业运动员而闻名,他是提升运动员运动能力方面的世界级大师。

意志力是任何领域的成功第一秘诀。具体到体育，90%的人类身体行为是意志控制的结果。《野蛮进化》展示了意志的坚韧极限和它所带来的统治力量，而这本书则为有志成为"王者"的运动员打造了一份统治球场的训练法则。它写给每一位想要和篮球飞人及黑曼巴一样创造传奇的球员。

001	第 1 章 准备起飞
011	第 2 章 对爆发力永不满足的追求
021	第 3 章 跳跃攻击：飞翔的公式
035	第 4 章 野蛮进化训练法则
051	第 5 章 训练前必读问答

| 071 | **第 6 章**
| | 开始训练
| | 阶段 1：点火
| | 阶段 2：蓄力
| | 阶段 3：起飞

| 203 | **第 7 章**
| | 管住你的嘴

| 219 | **第 8 章**
| | 理疗室：休息、恢复和伤病

| 229 | **第 9 章**
| | 90 天后不同的你

| 237 | **第 10 章**
| | 训练永无止境

| 243 | 致谢

第 1 章
准备起飞

迈克尔·乔丹在他芝加哥公牛队的 NBA 生涯临近结束之时，同意一支摄影团队跟随拍摄他的最后一个赛季，并制作成纪录片。

一天凌晨，天还没亮，乔丹的孩子还在睡梦中，摄影团队便来到他家，代表全世界首次参观了他的私人训练馆，也就是我的"办公室"。

完整录像从未被公开，今天就由我来告诉你一切是如何开始的。

摄影师注意到墙上有一张海报，是乔丹在赛场上飞翔时的经典瞬间，海报题为《乔丹为什么能够飞翔》。摄影师给了海报一个特写，接着转头问乔丹："你是怎么飞起来的？"

迈克尔只是笑笑，摇摇头，指着训练馆另一端的我，用一种意味深长、不容置疑的语气说："问他。"

问得好。

毫无疑问，乔丹独特的基因让他拥有得天独厚的生理优势：巨大的手掌、修长的四肢、超群的快速收缩肌肉纤维，都是让他"封神"的必要条件。但和人们口耳相传的神话相反，他并非"怪物"。我知道，人们把乔丹神话为"篮球之神"，是对这位传奇巨星的恭维，但我认为，这同时也是对乔丹的一种侮辱。因为这完全抹杀了他为成功而付出的艰辛和努力。相信我，乔丹是我见过的最努力的人。

事实上，许多运动员的运动天赋完全可以和乔丹媲美，甚至超越乔丹。但乔丹的特别之处在于，他拥有横扫全世界运动员的坚韧意志，以及对技术精益求精的渴望和决心。这种意志、渴望和决心，正是区分"普通球星"和"伟大球员"的关键。

这也是同样对胜利充满渴望的科比·布莱恩特和德怀恩·韦德能够击败比他们更年轻、更有力量的球员的原因。和乔丹一样，科比和韦德有足够的意志力、专注力和职业精神，他们将自己的篮球技术磨炼至极致，让自己远离伤病，并为了进步而不懈付出。

毋庸置疑，有许多重要因素在乔丹的飞翔中起了作用。但在那天早晨的训练馆中，他把问题抛给我时，他要表达的真正意思是：我们通过一种特殊的训练，将他的技术和天赋挖掘到了极致，所以他才能随心所欲地调动自己的潜能，并不断进步。

我们打破了标准的训练原则，因为乔丹的比赛没有"标准"。当所有人都迷信垂直弹跳时，我们却专注于整体爆发力。我们的训练不仅是简单地纵跳，还有朝各个方向的多重跳跃——前、后、两侧，同时还要保证乔丹在整场比赛、整个场地中都能保持这种爆发力。

所有人都热爱乔丹美如画的超级扣篮，但扣篮之后呢？比赛并没有就此结束，乔丹也没有就此停下。我们的训练目标，还包括延长他的运动寿命和提高整体运动能力，即让他每一个赛季——从第一场比赛直到最后捧起奥布莱恩杯——都健康、强大。

而那种特殊的训练，即乔丹的爆发力和飞翔之力的秘密，形成了我的独门训练方法——"跳跃攻击"的基础。

《12周像乔丹一样飞》首次出版是在1990年，当时乔丹频繁出入于各种训练营和医疗中心，所有人都在问他："你是怎么跳得那么高的？你是怎么完成那种灌篮的？我要怎样才能提高自己的垂直弹跳能力？"每个人都想变得"像乔丹一样"。于是，乔丹请我把平时的训练做一个总结，好让他向那些提问的人交差，也希望所有人都能像他一样刻苦锻造自己的身体，还能让每个人都知道：乔丹的一切并非纯粹的运气使然，而是不懈努力的结果。

基于为乔丹打造的训练，我编写了原始的"跳跃攻击"训练计划的基础，它是独一无二的。

那个年代，没有任何人会在赛季期间做腿部阻力训练。人们的共识是：对篮球运动而言，你的腿能让你从球场这头跑到那头就足够了。但真实情况恰恰相反，体育比赛会损伤肌肉，所以我们独辟蹊径，努力强化那些在漫长赛季中频繁面临损伤风险的肌肉。

同时，我们也安排了相应训练，让他最大化利用每一块肌肉和每一秒时间。我们让目标肌肉预先消耗，放松关节，通过组合联系来教肌肉如何正确爆发，然后立刻拉伸肌肉和关节，让它们为下一组动作做好准备。

大多数人的训练计划都针对主要肌肉群，但我们同时还强调小肌肉群、中和肌、固定肌，这样它们就能产生强大的合力。

当人们听说乔丹在比赛日还进行举重训练时，这不可避免地引来了外界的关注。这种训练方式放在当时简直闻所未闻，但我们对此感觉良好。看看时间表吧，如果你把其中的比赛日全部去除，那么还有大量的时间，你的肌肉没有得到恰当的运动。这对我们而言是不可接受的，所以我们选择无视比赛日程，坚持自己的训练计划。这成为了乔丹比赛准备的一部分。就像在比赛日你有固定的饮食安排一样，你在比赛日也应该有固定的训练计划。

记住一点：平凡的训练计划，不会让你得到非凡的结果。

如果你认为："对乔丹这种运动员，怎么练都会管用。把乔丹训练到高水准有什么难的？"我劝你再想想，把乔丹这样一个已经达到顶级水准的运动员提升到一个更高的层次，这算是世界上最难的事情之一了。我的挑战在于：如果乔丹已经拥有强大的爆发力，如果乔丹已经拥有超人般的弹跳，我要怎样让他的爆发力更强、跳得更高？

如果你训练的是顶级运动员，你会发现留给自己发挥的空间其实很小。幸运的是，我与世界上许多一流运动员合作过，我们不断寻找细微的提升空间，深入研究所有可能的细节，进行最精细的调整，帮助运动员继续提升。所以，我在设计乔丹的训练计划时始终秉持这样的宗旨：在乔丹的卓越基础上，进一步把他变得不可阻挡。

但我非常确定的一点是，虽然这套训练计划是为世界顶级运动员打造的，但其受用群体不仅是那些伟大的人，还包括所有的普通人。于是，我把这套训练方法写成了一本书，取名为《12周像乔丹一样飞》，并自费出版。接下来几年，我通过邮购卖出了几十万册。乔丹退役后，我觉得一切已经结束，于是没有再加印。

那之后，突然有一天，我收到一位年轻篮球运动员写来的邮件，他说我的书在易趣网上被炒到了1 000美元。是的，标价没有打错，整整1 000美元。于是我稍微调查了一下，发现网上还有很多本《12周像乔丹一样飞》都在以数百美元的价格出售。不久后，我开始陆续收到一些运动员、教练和父母的邮件或私信，问我如何才能买到这本书。

我意识到，虽然初版《12周像乔丹一样飞》的面市已经过去了20多年，且在此期间，关于运动的研究和训练都取得了长足进步，但我依旧在用同样的核心理念服务我的客户，他们也因此获得了卓越的运动能力。

唯一不同的是，现在我们可以用更高效的方法来取得这些成果。多年过去了，我的工作依然遵循着同样的训练原则。从乔丹到科比、韦德，这套训练体系让无数顶级运动员获益。

我同样也意识到，是时候写一本新书，给期待者我的作品的广大读者，因为现在我对精英训练有了更深的理解：

- 我们现在知道如何训练所有肌肉群，让它们产生合力；
- 我们知道身体在休息和恢复时会产生何种反应，营养摄入又将如何影响运动表现；
- 我们知道什么时候该拉伸，以及如何拉伸；
- 我们懂得如何调节中枢神经系统，以实现更快的反射动作和更快的肌肉收缩，如此，你在场上便完全不需要思考，光靠身体感觉就知道自己该做什么；
- 通过对训练进行一些细节方面的调整，如稍微抬起脚跟，或改变弓步动作时的腿部位置，我们可以刺激到被大多数训练忽略的小肌肉群；
- 我对爆发力训练的每个阶段都进行了强化，其中包含各种不同类型的肌肉收缩，如等长收缩、向心收缩和离心收缩；

- 我加入了上身和核心肌群训练，以增强整个身体的爆发力，而不仅是腿部爆发力；
- 我调整了训练方法和日程计划，让它更具活力和挑战性。

于是，我们得到了这本全新的《12周像乔丹一样飞》。

本书的核心理念并未改变，书中独特的训练顺序，与我训练专业运动员时的训练顺序一模一样，但我更新了书中的整套训练计划，让你通过全美国最先进的训练得到史无前例的成果。

世界上有数十万运动员遵循着初版《12周像乔丹一样飞》进行训练，如果你也是其中一员，便会发现这本《12周像乔丹一样飞》包含了全新的练习和挑战。如果你从未尝试过书中的训练方法，相信我，你会从中得到某种全新的体验，你会感觉自己以前似乎从没进行过真正的训练，并在自己身上发现以前几乎不可能出现的提升。

本书是一套针对全身的练习，包括下肢、上肢和整个核心肌群，让你每天都产生可以看得见的进步。从世界上最顶级的运动员，到刚开始接触某项运动的孩子，每个人都有提升空间。

事实上，伟大的运动员必须不断提升，因为他们知道身后有无数人在追赶自己，试图把他踢下王座。所以，我们不能停留在原地，躺在功劳簿上，对自己已经取得的成就感到自满。你也同样如此，无论你处于哪一个层次，你总能继续再上一层，本书的训练计划能够帮你实现目标。这并不是一件容易的事，但如果你想知道这套方法是不是真的有效，就去问问我的客户吧。所有与我合作过的运动员，都进行过本书中所记录的某些练习。

我会拿自己对乔丹、科比和韦德的要求来要求你:严格遵循我的训练计划,并竭尽全力。就是这样,如果你能做到这两点,你就会得到以下回报:

🐾 爆发式提升的运动能力和更高的运动成绩;

🐾 更强的弹跳能力、肌肉质量、力量、速度和敏捷度;

🐾 更紧实、脂肪含量更低的身体;

🐾 强大的意志力和耐力;

🐾 高效的休息和恢复;

🐾 最科学的营养指导;

🐾 预防伤病的方法;

🐾 整体能力的提升。

"跳跃攻击"之所以有效,是因为它把一些具有挑战性的动作按某种特定的顺序排列,以得到最优的结果,测试你的能力,并把你推上新的台阶。"跳跃攻击"不是举重训练,它的目标不是帮你举起更大的重量,而是训练你的肌肉群,让你的爆发力达到极限。如果你想要的只是一套健美计划,让自己能够在沙滩上秀出更好的身材,那么我建议你换一本书。你的肌肉张力的确会增强,但我们的目标是提升整体运动能力,而不只是更大的肱二头肌。

跳跃攻击也不是减肥训练。如果你的体重超标,那么你的确会在训练中瘦下来,但那只是这套练习的附带好处,而不是主要目标。你的体重或许会在增肌的时候有所增加,我不想看到皮包骨头的运动员,我喜欢强壮、爆发力出众的家伙。我希望你像专业运动员一样安排自己的饮食，这样你就能将自己的肌肉锤炼到极致，并在任何项目或活动中发挥最佳表现。

这套训练计划是为那些渴望挑战、探索自身极限的运动员设计的。你准备好认真对待自己的身体，去发现自己究竟能取得多大成就了吗？你准备好坦然走出"舒适圈"了吗？如果你是认真的，如果你准备好改变自己的身体和比赛，决心已定接受训练，那么你就踏上了"让自己在赛场上与众不同"的旅程，终将达到难以想象的高度。

是的，"跳跃攻击"非常有效。我按照本书所述方法训练着顶级运动员。如果你想像他们一样更具爆发力、更强壮、更快；如果你想跳得更高，并提升自己在任何运动项目中的整体表现，那就打开本书吧。你会知道，"跳跃"和"飞翔"之间，究竟有什么区别。

本书讲述的是如何让世界上最出色的运动员变得更好。而你，也将从此突破桎梏。

第 2 章
对爆发力
永不满足的追求

对于"跳跃攻击",他人最常问到的是:"按照这套方法训练就能扣篮吗?"我的答案是:"你会更接近。"如果你的目标是扣篮,这套训练方法的确能让你梦想成真,但我希望你能够做到更多。是的,你一定会。

运动员的训练中,增强垂直弹跳和爆发力是最困难的;这要求激活特殊的肌肉群,并在相当长的一段时间内产生能量。如果你的方法正确,一切合力会让你得到非凡的成果。正确的训练会让你在比赛中展翅翱翔,错误的训练则会让你在地板上步履蹒跚。

1989年,我刚开始和乔丹合作时,他的垂直弹跳数据是38英寸(约96.5厘米)。凭着这38英寸的弹跳,乔丹已经成为篮球界的超级巨星,他的扣篮能力更是毋庸置疑。所以我们的训练目标之一,是让他跳得更高,看看乔丹的极限究竟在哪里。我们努力工作,增强他每个部位的爆发力,而不仅是他的垂直弹跳。垂直弹跳的增长只是训练的副产品。后来乔丹的垂直弹跳提高到了42英寸(约106.7厘米)。1993年,当乔丹暂别NBA加入棒球界时,他的垂直弹跳已经达到48英寸(约122厘米)。

短短几年时间，我们将史上最伟大篮球运动员的垂直弹跳增加了10英寸（约25.4厘米）。但如果你也希望通过这套90天的训练计划，像乔丹一样增加10英寸的垂直弹跳，那么我可以直接告诉你：你多半会失望。

我知道，这世界有上千本书、DVD或训练计划，它们都承诺可以大幅增加你的垂直弹跳数据。我也明白，垂直弹跳的成绩是一项很好的吹嘘资本，而且能迅速让你和其他人拉开差距。

但那只是一个数字而已。如果你真的在意自己的运动能力，你就知道这个数字并非唯一标准。训练营里的每个人都过分注重数字，等着看运动员的卧推数据，或他们的40米冲刺速度，以及他们的垂直弹跳成绩。

没有一个人会去精确测量一名运动员在比赛中的真正表现。

这或许会让你惊讶，但我真的很少测量我的运动员的垂直弹跳高度究竟是多少。如果某支球队、某位经纪人或某位球员要求得到这个数据，我会照做，但我对结果毫不关心。

为什么？因为进行一次垂直弹跳的能力，或跳上一个固定物体的能力，并不能预测你是否能在一场比赛中频繁做出那样的动作。这不会让你成为更优秀的运动员，也不会让你在某种未知或不稳定的情况下表现优异。

如果你只会垂直弹跳，这毫无意义；跳得更高，并不意味着你在赛场上的整体表现就会更好；而能否扣篮，也不是评判运动员优劣的标准。我曾经训练过这样一名运动员，他几乎只能勉强摸到篮筐，但他的跑动速度和耐力是全队最强的。究竟谁更有价值？是只能做一次高水准垂直弹跳的运动员，还是整场比赛都不停飞奔的运动员？我的终极衡量标准，是你在球场上的表现。

世界上没有任何一项运动会要求你站在一个地方，然后垂直起跳一次。哪怕是在篮球比赛中跳球或盖帽时，你也要同时做出很多其他动作。一次垂直弹跳并不能让你在其他事情上表现出色。所以，为什么要如此关心那个数字呢？

"跳跃攻击"训练计划确实能够提升你的垂直弹跳力，但这不是最终目标。我的训练，不是为了让你应付某种测试；**我的训练，是为了把你打造成极具爆发力的运动员。**

你可以这样想：如果你掌握了一些学习窍门和一些基本概念，你确实能为考试做好准备。但如果你没有真正理解自己所学，也不知道应该怎么运用它们，那么你就无法把那些知识运动到现实世界。你会仅因为一名医生考试成绩好，就去他那里看病吗？

我的目标是，你不仅能在考试中拿高分，而且还能真正运用自己所学的东西。

我并不是说你不应该测量自己的垂直弹跳。如果这能让你看到自己的进步，产生成就感，那就去测吧。事实上，你在"跳跃攻击"训练计划中会接受两次测试。我安排这些测试，是因为我知道大多数人需要通过测试来检验自己的收获。如果你真的进步了，是完全有资格炫耀一下的。

但是，千万不要把垂直弹跳的成绩当成衡量自己进步的唯一标准。曾有人的垂直弹跳从 23 英寸（58.4 厘米）增加到 26 英寸（66 厘米），并对此感到失望。于是我问，他们的运动能力是否提升了。最终，他们意识到自己究竟取得了怎样的成就。所以我的建议是：把垂直弹跳高度当成一种指引，而非通过某种测试的"分数"。

真正的竞技跳跃技术，并不只是往上，还包括下落、接触地板，并再次起跳。高效的训练能够让你反复起跳，为下一跳做好准备，并整场都保持巅峰水准，无论处于何种情况，无论对手如何干扰。在健身房控制条件下的单次跳跃，对你在球场上的表现毫无帮助。我训练的是真实世界的运动员，而不是为图表上的某个数字工作。

我不在乎你在某次测试中能跳多高。我在乎的是你能否在高速跑动中起跳，能否单脚或双脚起飞，能否在向后倒的时候起跳，以及能否侧向起跳等。"跳跃攻击"能够让你得到所有这些能力。我们的目标是整体爆发力，以及任何情况下、朝各个方向反复跳跃的能力。唯有如此，你才能在整场比赛中超越并击败对手。

我很想告诉你，如果按照我的方法练习，你能得到"不可限量"的成就。但很不幸，事实可能并非如此。

每个人，是的，每个人都有自己的生理极限。简单的事实就是，我们每个人拥有不同的基因和不同的竞技水准，我们在不同事物上的潜力也不同。你能做到什么，以及无法做到什么，都取决于你自身。你的跳跃能力或许无法比肩乔丹，但他的卧推可能也比不上你。

无论你在哪些方面有着怎样的极限，这套训练计划都能帮助你把极限推得更远，并将你的运动能力最大化。如果按照本书的训练计划正确练习，你就一定会取得进步。你或许会发现自己的垂直弹跳、一步跳和助跑跳能力变强了；或许变得更灵活、更强壮或更快了。总之，你身上一定会发生某些变化，有的人动作变得更敏捷了，有的人跳得更高了，有的人更擅长跑动了，还有的人横向移动的能力增强了。有的人很快就取得了进步，但马上就进入瓶颈；有的人或许要到最后才能看出自己的收获。这通常是遗传学的结果，而非决心上的差异。专业运动员如此，你也同样如此。

每个人都将从这套训练计划中得到不同的结果。你将在每个方面都有所提升，但可能只会在某一个领域取得重大突破。而你自己此前从未注意过自己在那个领域的本领，它只是你训练的副产品。这取决于你的训练方法和身体条件。我曾训练过NBA中最具爆发力的球员，他的垂直弹跳力简直高得不真实。这名球员想继续提高自己的垂直弹跳能力，但在训练中，他发现自己的横向、前后移动能力也增强了，这让他成为了非常出色的防守球员。这并不在他的初始计划内，但我安排的训练计划令他臀部的柔韧性急剧提升。他的最终收获，比一开始定下的目标要高得多。

如果你的训练方法正确，并完成了整套训练安排，那么你的最佳自我评测方法是：用自己全新的竞技能力去征服真正的比赛。我不在乎你能在健身房里跳多高。我希望看到你上场打球，看我的训练方法如何把你打造成场上的全能战士。或许你的垂直弹跳"仅"提高了4英寸（10.1厘米），而你对此有些失望，那么当你打比赛时，请注意一下自己在场上的移动速度。

🏃 你能以多快的速度绕过对手？

🏃 你的二次起跳怎么样？

🏃 你是否能做出原本做不到的得分动作？你的冲刺速度变快了吗？

我们根据你的腿部是否变得更强壮，身体是否更强健来判断你的训练成效。当对手在第四节再也无法抢到篮板球，那么他的身体已经过于疲惫；当每个人都在勉强支撑时，你看起来依然精力充沛……这就是你应该拿来衡量这套训练计划的标准。不要纠结于毫无意义的数字。你能做到以前做不到的事了吗？你的防守能力增强了吗？你速度变快了吗？你的第二跳和第三跳高度增加了吗？如果答案是肯定的，那么恭喜，你成功了。

或许有很多种原因会让你觉得"跳跃攻击"没有多大效果。我不想跟你讲太多科学理论，但我认为，如果你理解"跳跃攻击"的原理，就可以从这套训练计划中得到更大的收获。

"跳跃攻击"有效，因为它集成了所有精英训练的元素，并把它们融合到一起，就像精确计算某个配方的各种成分。配方的所有成分，都没有秘密可言；你单独看它们的时候，会觉得它们很容易理解，但真正厉害的地方是我将它们进行组合的方式，即各项训练的顺序，各项训练彼此间的匹配，每组训练的持续时间，每次动作反复的速度，预先拉伸的肌肉，不同训练阶段的结构等。所以说最重要的，是它们的组合方式。

我们可以这样理解：你可以买一瓶可口可乐，并阅读上面的所有成分配料。你可以去把所有配料都买回来，然后花数年时间尝试正确的组合搭配。但我们都知道，你不可能做出一瓶一模一样的可口可乐。为什么？因为你没有配方。

你可以拆开一个巨无霸汉堡，买回所需的肉、圆面包、西红柿、生菜、奶酪……但巨无霸的秘密在它的调味汁里。没有配方，你永远得不到调味汁。没有配方，就没有巨无霸。

在这本书里，我会教授你成就卓越的秘方。我会把爆发性运动能力的配方交到你手里。不仅是材料，更是90天一步步的详细指导，让你知道如何组合这些训练。

所有训练计划都能教你深蹲、弓步、团身跳……但那些都是材料。你有，别人也有。你知道自己应该怎样利用这些训练，从而超越所有人吗？细节、顺序、搭配，如何创造出不同类型的肌肉收缩？动作反复的次数和频率是多少？这就是《12周像乔丹一样飞》能够为你做的：给你搭配这些训练的配方，让你以独特方式训练，并取得其他人无法取得的成功。

记住，这份训练配方一开始是为世界上最伟大的篮球运动员设计的，并且在过去20年里被无数精英运动员采用过，他们全都取得了无与伦比的成就。所以，我有很长时间来观察并研究那些结果，来判断哪些有效，哪些效果惊人。我有很多年的时间来打磨、制作、完善这个配方，让它随我们的科技和知识的进步而进化。

如果把我今天训练科比、韦德等运动员的方法，拿到20年前去训练乔丹、皮蓬、奥拉朱旺和巴克利，我简直不敢想象他们会取得怎样的成就。相信我，我训练过的每一位运动员都对这本书有所贡献。他们从我身上学到很多，我也反过来从他们身上学到很多。而本书的一切都建立在久经考验的运动表现和成就之上。

由于这套训练计划最初是在1990年设计的，到今天，健身和训练领域已然发生了巨大变化和进步，所以你会发现，这本书和首版《12周像乔丹一样飞》有着相当的差异。新科学告诉我们如何用新的方法刺激某些肌肉，辨别身体哪些区域更容易紧张，从而在训练前、中、后三个阶段更有效地放松这些部位，提高你的爆发力。所以多年来，我一直致力于把新的科学和进步整合到这套训练计划中。结果就是你得到了一切自身所需，并达到了一个全新的高度。

你可以动用所有小肌群，而不仅仅是大肌群，分步骤让身体准备好迎接下一项挑战。在训练中加入一些细节，从而让效果达到前所未有的程度。

我们要做的不是简单的举重，而是从各个不同的角度举重，并把重量和高强度增强训练相结合，这样你的肌肉就能领会你训练它们的终极目的。我们要做的不是简单的卧推，我们的卧推训练需要遵循特殊的顺序，并加入预先消耗的动作，以确保每一块肌肉都得到最大强度的锻炼。我们通过拉长并压缩那些肌肉来训练，那样，它们就能像弹簧一样随时为你提供所需的爆发力。同时，我们还要进行高强度核心肌群训练，因为你想要起飞，要动用的不仅是双腿，飞翔是涉及整个身躯的动作，只有全身动作协调，你才能得到最佳结果。

用每个人都在用的普通方法训练，你永远得不到非凡的结果。这项训练计划和你曾经做过的训练完全不同。而其中的差别正是你从目前位置抵达梦想的桥梁。给自己 90 天，做出追求卓越的承诺，并付出最大努力，然后我会给你结果，用我给乔丹、科比训练的方法，让你达到更高的境界。

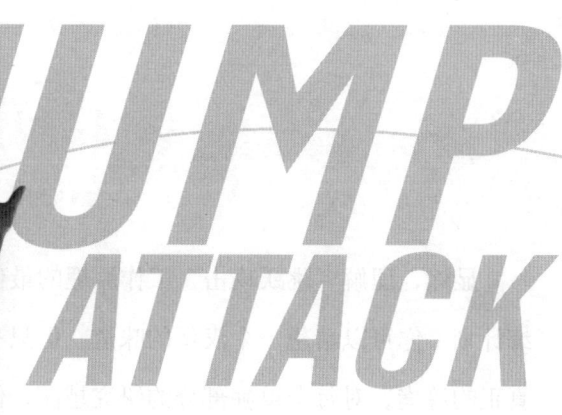

第 3 章
跳跃攻击:
飞翔的公式

显然，理解"跳跃攻击"工作原理的最佳方式是亲自体验这套训练计划；你可以猜想一个汉堡的味道，但只有亲自尝一口，才会得到真正的答案。对每个单独部分的研究越深，你对这个配方和它能为你带来的无与伦比的成果的理解就越深。

坚持训练计划表

我反复强调这一点：严格按照我给你的计划训练。科学讲究精确，而为了得到精确的结果，你的努力过程就不能出现丝毫偏差。这套训练计划的配方也是一样：如果你不尊重配方，出品当然会打折。

"跳跃攻击"的每一个细节都经过了精心设计，目的是让你的身体有机会得到最大的成果。其中一些训练项目安排在其他项目之前是有原因的，某些训练项目的反复次数和时长也不是随意设定的。

我知道，有时候你会感觉意犹未尽，想要多做一些，所以你可能想要把明天的训练也一起做了，或者多做几个额外的反复，或为自己的训练增加额外的重量。但请不要那样做。你会害了自己，因为你的肌肉还没有准备好迎接下一个挑战，所以事实上，过度训练会拖慢你的训练进程。

训练项目排序

"跳跃攻击"的每一项训练，都建立在我的"爆发性训练流程"基础上，里面包含的每一个动作都要遵循特定顺序。本书列出了15个特殊训练流程，每个阶段各5个。

每个训练流程都包括3个部分：

🏃 一组预先消耗（Pre-exhaustion）动作，让特定肌肉群疲惫，并放松臀部；

🏃 一系列肌肉收缩和肌肉增强式训练；

🏃 一组拉伸动作。

你接下去会看到，这些训练流程的每个部分都是爆发力训练配方的重要成分。把训练流程中的任何部分拿掉，结果就会变样。

事实就是，如果你不按训练流程进行，如果你把开局搞砸了，如果你认为拉伸对你而言是多余的……你就得不到自己想要的成果。

你所做的每个动作，都是在为下一个动作做准备。我们需要通过三个阶段的锻炼，让你的身体以最正确的方式成长、变强：

阶段1：让你的身体为起飞做好准备；

阶段 2：教你如何腾空；

阶段 3：训练你如何落地，并再次强力升空。

当你练到训练计划中最具挑战性的动作，你的肌肉就已经做好了准备，让你从容冲击自己的运动能力巅峰。例如，"深跳练习"涉及10次不同高度和位置的急速跳，训练你快速连续跳跃的能力。大多数训练计划都把深跳练习放在开头，因为人们觉得，它是增加弹跳高度最快的方法。但实际上如果太早做这个动作，你就无法将成绩最大化，因为你的肌肉尚未做好准备，它们还没有学会如何反应。到时候，你的跳跃非但没有力量和技巧可言，还可能会在最后因为失控而摔翻在地，并因此受伤。起跳大同小异，但落地却是一门艺术和科学，你要吸收冲击力，并弹回空中。

以下是更多"跳跃攻击"训练流程的基本原理。

预先消耗肌肉

如果你想着重训练某几块肌肉，那么，你能通过预先消耗法把它们孤立起来，从而得到更好的训练效果。例如，训练臀大肌的爆发力是困难的，所以我们要花额外的时间先练练它们，这样一来，在我们锻炼其他部位的肌肉时，臀大肌也能从中得到锻炼。通过预先消耗臀大肌，我们的股四头肌和腘绳肌两大主肌群就会在随后的训练中得到更充分的锻炼，且被预先消耗的臀大肌也会以满负荷投入动作。这就是每个训练流程都以一组孤立臀大肌的练习开始的原因。

你会做大量的消防栓式、臀桥或这两个动作的组合练习。记住，为了让你的训练达到最大效果，这两个预先消耗的练习非常重要，我要你所有的肌肉都能得到锻炼。或许有时候你在训练时会想："我已经做过这两个动作了！"是的，你刚做了，但那又怎么样？再做一次。这些动作是为了让你得到最完美的结果而设计。想要像乔丹一样飞翔吗？照我说的做！

放松臀部

在训练过程中的某个阶段，你做了无数次消防栓式，这时你或许会向我咆哮："为什么？！"答案很简单：你需要放松臀部，并增强臀大肌的力量来提升运动能力。

很明显，"跳跃攻击"训练中，你要做大量跳跃动作。因为你跳得越多，髋屈肌就会绷得越紧。不仅是跳跃，在桌子前坐一整天，或按照教练的指示下蹲，都会让髋屈肌紧绷。紧张会导致摩擦力，摩擦力会让你速度下降。臀部绷得越紧，你的运动能力就越弱。所以，我们要逆转这个状况，一次又一次，让你的身体放松，保持柔韧。

我不是要你柔韧到可以做一字马，而是柔韧到足以在比赛中保持高效的竞争力。肌肉和关节的僵直对你没有任何好处。我们要把那些肌肉练得跟橡皮筋一样，能迅速收缩。紧绷的肌肉只能小幅拉伸，放松的肌肉则可以通过最长和最高效的拉伸，为你提供强大的爆发力。所以，完成那些放松动作，完成那些拉伸动作，无论它们出现在训练中的哪个阶段。

将不同练习组合起来，得到最大爆发力

"跳跃攻击"训练计划的几乎每个训练流程，都由两种训练动作组合而成，一是重量训练，一是跳跃训练。它们之间的结合，是为了得到某些特定的结果。如果把这些训练项目分开来随机做，你仍能得到一些收获；但只有把它们放在一起做，你才能得到"跳跃攻击"训练计划的爆发性成果。

举个例子：所有训练计划都包含了某种姿势的深蹲。你可以不停地练，直到自己成为全健身房最厉害的深蹲选手，但最终结果又是什么呢？你让自己的身体学会了深蹲，但这完全不是我们训练的初衷。我们必须告诉你新增长的强大肌肉、我们的训练，都有着特定目的。所以，我们在做完深蹲后紧跟着马上做肌肉增强式训练，这样，目标肌群就能迅速学会自己应该做出的动作。

在"跳跃攻击"训练计划中，你要训练自己向各个方向跳跃，一次又一次；你要训练自己的落地弹跳。想象一下，你把一个橡胶球扔到空中，当橡胶球落地时，是否"砰"的一声黏在地板上不动了？当然不是，它会立即反弹。你把它扔得越高，它在落地时反弹得也越高。

那就是为什么我们会把某些练习项目组合起来，并按顺序进行。我们要教会你的肌肉将你送至空中，然后落地，随后再次起跳。你得像一个橡胶球一样弹起。我们要训练你的肌肉进行快速反应，做出重复动作，并增强它们的弹力，让你能够多次起跳。

记住，如果你的训练目的只是增强自己的垂直弹跳能力，那么你跳起之后会"硬着陆"——没有反弹，没有动作，"砰"的一声落地。

我们要摆脱这种沉重的落地方式。

大多数训练计划不会教你做那些动作。它们只为让你做出最高的单次起跳，然后，就没有然后了。意义何在？你跳起来了，你落地了，然后呢？你没有训练你的肌肉进行重复动作，所以你完了。但现实世界的体育比赛中，你必须在场上从头坚持到尾，而不是短短 3 秒钟。这就意味着你要训练你的身体，吸收落地时的冲击力，并对地板施加更大的力量，这样你就能反弹回去。

落地并再次高飞，这才是跳跃的艺术。

征用所有肌群

人们总是问我："哪块肌肉对跳跃影响最大？"

我这样回答吧："哪次跳跃对你的比赛影响最大？"

你选不出来，因为建造一栋房子，必须要所有的砖头。

仔细想想。你总是在同一时间在同样的位置以同样的角度起跳吗？当然不是。每次跳跃都面临着不同的情况，需要用到不同的肌肉，所以我们要训练你的肌肉学会合作。

回到 20 世纪七八十年代，人们认为跳跃只关乎小腿。到 90 年代，人们又认为股四头肌对跳跃影响最大。最后，臀大肌也得到了应有的重视。

好吧，你猜怎么样，如果相比其他肌肉过于重视某一肌群，你就会处于身体不平衡的状态，从而在场上的运动能力存在弱点，且容易受伤。所有肌群都同等重要，不仅是你的腿部，更包括你的整个身体。

身体的各个部位，都需要完美合作。

如果你只练了股四头肌，你的跳跃动作就只来源于一个肌群。但是再加上臀大肌、腘绳肌和小腿，你就可以利用4个主要肌群来起跳。想象一下你的动作将多么有力、高效且爆发力十足？你可以从任何角度一条腿起跳或两条腿起跳。"跳跃攻击"让所有肌肉能够在任何角度产生作用，所以无论你的膝盖是弯曲90度、110度还是40度，你都爆发力十足。我们训练你应对所有的可能性，无论你的臀部、膝盖和脚踝处于什么位置，所以到时候你根本不需要思考。你会把自己的身体调节到最佳状态，只需凭直觉做动作。

拉伸橡皮筋

有些训练计划声称，你不需要重量训练，或你只需要重量训练，或你不需要肌肉增强式训练，或你只需要肌肉增强式训练……都是胡说八道！以上训练你全都需要。爆发力训练需要你延长自己的肌肉，那样它们就能如橡皮筋一般反复伸展并回弹。短橡皮筋只能小幅度伸缩，而长橡皮筋可以拉得更长、更紧。你把自己的肌肉延展得越长，具备的爆发力就越强。

但是，你同样需要反弹时的力度，也就是说，你需要通过举重来给肌肉压力，让肌肉超负荷运动。然而如果你只练习举重，你的肌肉最后会变得强而短，就不具备橡皮筋那样的弹力了。

"跳跃攻击"是唯一同时用压缩和拉伸肌肉练习来训练你的计划。在"跳跃攻击"里，你将做三种类型的动作：**离心收缩训练、向心收**

缩训练和等长收缩训练。离心收缩训练（伸长肌肉）是最难的，所以它贯穿"跳跃攻击"训练计划的所有阶段；向心收缩训练（缩短肌肉）是最容易的，所以它是大多数其他训练计划的基础；等长收缩训练看起来很容易，但相信我，那是错觉（当你完成训练阶段1，就会明白我的意思了）。

这就是为什么如果你不完成所有的训练阶段，或者你选择跳着练，再或者你不严格遵循训练安排，就无法收获最大的训练成果。只有遵循我的指导，练习本书的所有项目，你才能获得强大到让你起飞的爆发力。

静态拉伸的真相

你将看到，"跳跃攻击"的每个训练流程都包含了静态拉伸练习。你需要做出一个动作，并保持一段时间，拉长肌肉。静态拉伸有什么好处或坏处，有多少训练师，就有多少不同的答案。有的训练师会告诉你，静态拉伸会降低你的运动能力，或拖慢你的训练进度。

让我来澄清一下这个问题吧：静态拉伸，是"跳跃攻击"的基础之一，**无论乔丹、科比还是韦德，我训练的所有运动员都会做静态拉伸练习**。静态拉伸可以帮你为下一次挑战做好准备。它不会让你变慢，或影响你在赛场上的表现，因为我们要拉伸的肌肉非常具体，拉伸的目的也非常明确：让训练更加高效。

大多数人会拉伸自己刚刚练过的肌肉，这感觉很舒服，因为静态拉伸会对肌肉产生一种麻痹作用。这正是我们在训练中不想做拉伸的原因，毕竟谁会想麻痹自己正在辛苦锤炼的肌肉呢？多年来我们发现，拉伸目标肌肉的周边肌群最有效果，因为这些肌群最容易紧绷，也最容易阻碍你得到最好的锻炼成果。举个例子，如果因为我们反复运动臀屈肌，导致它们有一种缩短、紧绷的倾向。我们希望它们保持伸展，最有效的方法就是静态拉伸。

因此，本书所有的腿部训练，都包含了针对臀屈肌的拉伸练习。我们在"跳跃攻击"训练计划中要频繁使用臀屈肌，导致这块肌群总是有紧绷的趋势，我们的臀部和背部因此不在一条直线上。如果我们能让它们保持放松和伸展，这些肌群就能更好地运动，从而让你的训练更加高效。

本书设计的每一次拉伸练习你都要照做，而且过程不能打折扣。这很重要，否则你接下去的训练将受到极大影响。

休息和恢复

很多训练计划要求你将重量训练和肌肉增强式训练隔天来做，每周分别练上几次。但我会让你把这些训练安排在同一天，这样你每周就只需要做两次肌肉超负荷训练。为什么？因为我希望你在那两天竭尽全力做最高强度的练习，如果肌肉长时间过度疲劳，你是无法承受的。

所有人都认为重量训练会导致肌肉增长。这是错误的。

重量训练实际上会撕裂肌肉。随后你的身体会进入恢复期，尤其是睡觉时修复损伤，并促进新肌肉的生长。

所以，如果没有恢复期，你的肌肉不可能高效生长。当你训练自己的爆发力时，请记住，恢复期和训练项目本身同样重要，甚至更为重要。它们必须齐头并进。如果肌肉过于疲劳，你的努力就得不到最高效的回报。如果你训练过度，最后的结果反而会比别人差。

或许你会认为，如果自己偷偷加插一个高强度举重训练日进去，说不定可以加快训练进程。让我明白地告诉你吧，如果你认为自己每周练三次会得到更好的结果，而不是按照本书规定的每周练两次，那你就大错特错了。事实上每周练一次也比每周练三次效果好。因为"跳跃攻击"训练计划极其繁重，你需要充分的休息，为下一阶段训练做准备。例如，你会在第1天和第4天做大量腿部训练，而在两次训练的间隔期，你的腿部会得到充分休息。我不希望你的腿部训练超过这个量。

休息，恢复，照顾好自己的身体。在训练时，我也希望你在做不同练习的间隔适当休息一下，因为"跳跃攻击"训练计划的最终目的是帮助你得到最好的训练结果，而不是看你能够以多么快的速度完成训练。

你的肌肉需要充分恢复，从而让你的训练效果最大化。你可以想一想，短跑运动员在比赛时不会连续两次全力冲刺，他需要在不同轮次的预赛间隔期充分休息和恢复，让自己的身体为下一场比赛做好准备。这就是我希望你采用的训练方法。

我不是说你要去打个15分钟的电话或吃个三明治，而是要你倾听自己的身体，感受它需要多久时间为下一组练习做好准备。你满足它的需求，它就会给你最大的回报。

你的动物本能

事实上,人类不是为跳跃或飞翔而生的。

训练自己在体育竞技层面的爆发力,是世界上最难的事情之一,比减肥和塑形要难得多。因为人体天生适合的是走路而非跳跃。你需要训练自己的身体更加适应跳跃,它是很多动物的本能,但这种本能却不属于人类。注意,我说的是"训练"身体,而不是"教"身体。其中的区别是什么?

训练,可以让你的身体学会本能地运动;教,会强迫你停下来,思考自己要做什么。"训练"是为了动作,"教"是为了思考。我不希望你思考,我希望你遵循本能行动。

如果你让一个小孩跳,他就会跳,而且会一直跳,因为他做得到。他不会停下来思考要怎么跳。他跳得或许不是很高,也没有技巧可言,但他的身体知道要如何动作。

如果你让一个成年人跳,他会愣一下,想一想,然后问"为什么"。他不记得自己上一次跳跃是什么时候了,所以会觉得自己可能跳不起来。他会思考,而不是行动。而动物与人的区别是前者在行动之前是不会思考的。

"跳跃攻击"会调节你的身体,让你的身体知道该怎么做,让身体本能地行动,这样你就不需要思考了。把肌肉训练到位,这样一来,无论你在赛场上面对什么情况,需要往哪个方向跳,肌肉都能随时为你提供足够的爆发力。就是这样,我要你把自己的身体调整到最佳状态,随时做出你所需要的动作。

苦练细节

当你的训练达到一定境界,最微小的细节也会让你得到完全不同的成果。比方说在某个特定动作中卷起脚趾,落地时保持臀部高于膝盖,手放在规定的部位等。所有这些被大多数人忽略的细节,都被精心嵌入"跳跃攻击"训练计划,这样你就能在练习时给身体足够的压力和冲击力。

记住,这套训练计划原本是我为"篮球之神"乔丹设计的。他当时已经是最顶级的球员,他的训练目标,是继续提升。

如果你也是世界上最棒的运动员,那么做一些随随便便的训练,或做一些每个人都懂的训练,你是没办法继续提升的。你必须注意所有的细节。唯有如此,你才能延长自己的运动生涯,打磨自己的身体和技术,让自己保持强壮和健康。我的训练目的不是让你拥有一个伟大的赛季,或打一场伟大的比赛。我的训练,是为了让你度过伟大的一生。

第 4 章
野蛮进化
训练法则

所有人都想了解这些秘密：

🏀 跳得更高的秘诀是什么？

🏀 增长肌肉的秘诀是什么？

🏀 快速恢复的秘诀是什么？

🏀 成为世界最佳的秘诀是什么？

  毫无疑问，"跳跃攻击"训练计划揭示了许多的类似"秘诀"。如果你翻开这本书，那么你已经知道，所谓的"秘诀"绝不是走捷径，也不是遵循那些低效的老式训练。

  运动生涯的成功，是你知道自己要做什么，并且愿意去做，进而渴望不断进步的结果。我不关心你有哪些天生的竞技能力，因为如果你不能正确运用它们，并通过不懈努力，把天赋锤炼为真正的技术，你就无法取得进步，更不会走向成功。如果你不愿意最大程度地逼迫自己，或不信任本书的训练计划，那么全世界的"秘诀"加在一起也帮不了你。

但"跳跃攻击"训练计划中还有一个重要部分。没有它，你不可能取得成功。

你知道在体育或任何领域取得成功的第一秘诀是什么吗？**答案就是意志力。**90%的人类身体行为，都是意志控制的结果。你的内心会告诉身体应该做什么。决定（decide）、委派（commit）、活动（act）、成功（succeed）、重复（repeat），在这个顺序中，开头两个阶段都是在内心完成，剩下的则是身体执行的结果。

2013年，我出版了《野蛮进化》（*Relentless*）一书，专门论述了意志的坚韧程度和统治力量。《野蛮进化》提出了"终极潜能13法则"，总结那群被称为"统治者"的世界超一流运动员的13个特征。统治者被成功的欲望驱使，他们知道如何得到结果，无论是运动员、CEO，还是老师，他们总是能把任务完成，迎接下一个挑战。只要调整好自己的思维模式，并具备高人一等的决心，任何人都能成为"统治者"。

《野蛮进化》告诉你在生活中要坚持不懈，《12周像乔丹一样飞》则要求你在训练中坚持不懈。《12周像乔丹一样飞》是专门为运动员而写，所以我会为有志成为"统治者"的运动员列出一张新清单。下一节是我总结出的"**不懈训练法则**"，没有一条涉及你要举起多大的重量或穿哪种球鞋。它们会告诉你，如何让脖子以上的部位变得强壮，也将脖子以下的部位打造得坚不可摧。

如你所见，我将在列出的每一条法则前，都标上序号"1"，大多数人看到序号，就会自然而然地认为第1条比第2条更重要，第10条最不重要。但我要告诉你："我列出的每一条法则都同样重要，它们都是第1条。"

野蛮进化的"不懈训练法则"

1. 到场,努力,倾听

我不关心你能举起多大重量、能跑多快、能做多少个引体向上,或蒙眼投中多少3分球。无论训练哪位运动员,我只会要求他们三点:到场、努力、倾听。对你也不例外。就这么简单,不需要你有特殊天赋,不需要你有优秀的基因,也不需要你有什么高超技术。你只要到场、努力、倾听。只要走进健身房大门,你就已经领先那些习惯放弃、不愿走出第一步的人。

当年我训练乔丹时,每逢比赛结束,无论输赢,我都会问他一个问题:"5点、6点,还是7点?"意思是:"我们明早几点开始训练?"乔丹会抛给我一个答案,然后我着手准备。根本不需要多余的讨论。

无论乔丹说几点钟,他都会准时到场,挥汗如雨,并认真倾听我的建议和身体的感受。因为他知道,我们所做的一切,将会影响最后的比赛结果。这与技术层面没有关系,只是恪守自己"追求卓越"的承诺罢了。

"到场"代表你坚持训练日程,做好了全身心投入的准备,并严格按照训练计划的安排进行。

"努力"代表你要付出最大的努力,来得到最好的结果,不要偷懒走捷径。如果你产生了"我已经足够好"的想法,那你就没有做到真正的"努力"。

"倾听"意味着注重细节,严格遵循本书的指导训练,仔细研究每一张图片,确保姿势正确。此外,"倾听"还意味着倾听自己的身体,因为你是唯一知道自己是否偷懒，或训练过度的人，这将导致结果不如预期。

我不关心你是球队领袖还是饮水机保护神，只要你愿意到场、努力并倾听，那么你就能取得无法想象的成就。无论是输掉一场比赛，打一场苦战，还是训练导致疼痛，或遇到个人问题……"到场"代表你拥有继续前进的勇气和决心，代表你准备好了继续提升自己，代表排除了一切干扰和负面因素。那是成为"统治者"的前提。

1. 你无须喜欢训练，但必须渴望结果

我的电话总响个不停。所有运动项目、任何水平的运动员或他们的经纪人或球队经理都想向我寻求帮助，帮运动员训练、调理身体、提高能力。我会花些时间与他们聊聊，认真倾听他们的关注和目标，然后给出一份训练安排。

但你一定想不到，有很多运动员走进我的大门，听了我给出的计划后直接翻白眼："嗯……任务太重，再见。"他们想要重返赛场，却不愿在训练中付出应有的努力。大部分情况下，和我道别之后他们很快也不得不与自己的职业生涯道别了。

如果你对最后的结果没有渴望，如果你并没有对自己的目标充满无可比拟的欲望，你的意志就不会做出"艰苦训练"的承诺。训练很难，成就卓越更难。你无须热爱训练，但你一定要相信，自己的付出终有价值。

像乔丹、科比和韦德这样的家伙，虽然天生就拥有非凡的能力，但他们还懂得一条真理：登上顶峰是远远不够的，你还必须通过战斗，

让自己停留在最高处。我在训练科比时，他偶尔会停下来，瞪着我说："我们还要练什么？"我告诉他，我们必须回到训练。实际上，我们总是会回到训练……因为科比对最终结果充满渴望。

你训练，是因为你想要训练，是因为你拥有健康的身体和宝贵的训练机会，而不是因为你不得不训练。人们总是说，你必须"热爱"自己的工作，但我不这么认为。你必须热爱最终结果，你必须对"成就伟大"上瘾，无论这个过程多么艰苦，甚至枯燥。是成就伟大还是寂寂无名，关键就在于你的训练。

1. 适应"不适应"

当你不再奢望训练变得容易时，健身房里的一切对你来说就不那么难了。

如果你不停想着训练有多难，流了多少汗，还要练多久，你等不及训练结束了，那么你永远无法完成这些严苛的训练。训练之前，你就要接受训练将会很艰苦、很疲惫这一事实。如果训练方法正确，你会发现自己的每个动作都如此繁重，充满挑战。

你为什么情愿承受这些？在你开始训练前，请先扫除恐惧。你要接受"训练将会很艰苦"的事实。练完之后，身体会恢复；恢复之后，你将重回训练，练更多的内容。你必须到场，认真做每天安排的训练，无论你的自我感觉有多好。你不会在每天开始训练时都感觉很好，所以清空那些念头吧，因为你必须继续训练。

一名职业运动员会在职业生涯的第一天和最后一天感觉很棒。职业生涯的第一天，他不需要做任何事，而且身体健康、头脑清晰、充

满希望；职业生涯的最后一天，他终于可以松一口气了，没有压力，没有更多的训练，也没有更多的冰浴、治疗或止痛药。

就如乔丹在退役那天对我说的一样："如果以后我还看到你出现在我家附近，我就一枪毙了你。"一切终于结束了。突然间，生活就变得美好起来。

任何向你承诺每天练 10 分钟就能实现梦想的训练计划，都是对训练的侮辱。如果你以前只做过这种 10 分钟训练，我猜你会说总比没有训练强。真的吗？这就是你的训练目的？总比没有训练强？训练，要的是让你的身体达到前所未有的状态，让它接受新的考验。

什么是新的考验？如果你今天的训练感觉和昨天一样，如果你训练时感觉很舒服，就表示你做的还不够。当你走出舒适区，开始感到不适应，这就表示你的训练是正确的。我说的不是疼痛，而是你能感到自己正把身体推向极限，并完成不可思议的挑战。

这会让你不舒服吗？或许吧。值得吗？必须的。

1. 训练总是易开始，难持久

多少次，你曾开始一项训练计划，拟定日程表，发誓自己会严格执行并付出一切。但一个星期后，你放弃了。每年 1 月的第 1 个星期，我的健身房都人满为患。运动员们带着远大梦想而来，而且居然发誓每天都要练上 3 个小时。他们这辈子都没在某一天练过 3 个小时，现在说这种话，只不过因为它听起来很伟大。

然后，他们会开始受伤，比如拉伤某块肌肉，或撕裂某个部位，因为他们根本没准备好进行这种强度的训练。或者他们变得很忙，没时间坚持训练。无论什么原因，到 2 月 1 日，我的健身房都会变得宽松许多——大多数人都放弃了。

我见过无数半途而废的职业运动员。第一天，他们决心满满地走进健身房，猛练 3 个小时。第二天，他们的下肢开始疼得厉害，而且还没有练上肢，于是他们又花 3 个小时猛练上肢。第三天，身体内的乳酸在燃烧，他们不再来健身房，因为他们的每块肌肉都受到损伤，也没有准备好适应这些"不适应"。

我会仔细观察运动员的品质和行为，判断他们是否有认真训练的决心。其中一个很重要的衡量标准就是他们是否会连续三天到场，分阶段一步步训练。

你无须每天 24 小时，每周 7 天地训练，那样反而对身体有害。"跳跃攻击"训练计划是分阶段设计的，让你一步步训练肌肉的爆发力，但又不至于训练过度，导致你半途而废。如果你看到训练的第一阶段没有涉及跳跃，也几乎没有举重训练，就想当然地认为这很简单，那你试试看，让我看看它是不是真的太简单了。如果你正确训练，如果你竭尽全力，那我向你保证：训练虽不易，但成果将辉煌无比。

1. 当别人都放弃时，你要把自己逼得更紧

职业运动员也会在训练中达到极限，训练无法再继续，或还有一个练习动作怎么也无法完成。每个人都会遇到这种情况。有的人会说"就这样吧，实在太难了"，还有人则会说"好吧，看我的"。

我要问的第一个问题是："你为什么不行了？"是身体原因吗？你受伤了吗？如果是，你需要尊重自己的极限，去看医生并听取建议。

但如果不是身体问题，那就是你的意志出了问题——你暗示自己不行了，所以你就真的不行了。

唯一能助你渡过难关的是你坚韧不拔的品质和继续前进的欲望。听着，我能理解，有时候你会觉得面前的箱子看起来高达2.5米，你不可能跳得上去；或者你感觉自己手中的哑铃重达1吨，不可能举得起来。如果你因为身体极限而无法继续，那就需要进行调整，因为你必须完成"跳跃攻击"训练计划的所有练习。

如果某个动作太难，你可以短暂地休息一下再继续。但你不可以放弃，就算需要大量的休息，你也要把所有练习做完。如果训练流程要求你某个动作坚持90秒，但你只能坚持45秒，那么你可以中途休息一下，喘口气，再完成接下去的45秒。如果我要求你某个动作完成15次反复，而你只能做7次，那么你可以稍微休息一下，再回来完成剩下的8次。你希望像一名职业运动员那样训练吗？这就是我们的做法——把已经开始的事做完。无论你中途需要休息多少次，也一定要完成它。大多数人会选择放弃，但你不能。

1. 你要用两条腿打球，用两条腿训练

记住，肉食动物从来不会变得缓慢或肥胖。想想吧，大多拥有杀手本能的动物都迅猛、苗条、敏捷、充满侵略性。它们必须像闪电一般捕获猎物，统治自己的领地。所以你也必须动起来。

如果你是一名运动员，或是对健身非常认真的人，而你的训练大部分都是躺在地板上、长凳上，或坐在一个球上，那么你需要立即开除你的训练师。如果你没有雇佣训练师，你最好去找一个，让他帮你

纠正动作。你用两条腿打比赛，用两条腿移动，无论做什么，你都要用到双腿。既然如此，为什么要躺下来？

科学的发展，帮助我们花更少的时间和精力得到更好的结果。毫无疑问，随着科学的进步，我们的训练和恢复都变得比以前更加高效，但世界上没有任何东西可以取代"努力"的重要性。我经常会对运动员做一些肌肉激活的工作，也就是让运动员躺在一张水平桌子上，然后想办法刺激他们的肌肉收缩。对某些运动员而言，这简直就是梦想成真："等等，你是说我可以躺着完成训练？合同在哪儿？我要在哪儿签字？"想得美。我会告诉他们，肌肉激活只是训练的一部分，从该死的桌子上滚下来，我们还有一些真正的训练要做！

是的，我因此损失了一些客户。世界上某个地方，总会有训练师忽悠运动员说，能让他轻松达到训练效果，所以"赶紧签约吧"！祝他们好运。那些喜欢坐在桌子上训练的家伙，最后都不得不坐在替补席上度过整个赛季。

你不需要什么辅助设备或精巧的装置来获得良好的体型。俯卧撑、引体向上、深蹲、弓步、推举、步行、跑步……让我们返璞归真。现在，各种训练器械越来越多，它们的目的是让训练变得容易，更容易，再容易一些。这就是人们想要的，但并非他们真正需要的。

站起来，移动你的身体。如果你不像职业运动员一样训练、流汗、喘息，把自己的身体逼到极限，你又怎能指望自己像职业运动员一样去比赛，去战斗？记住，**你如何训练，就会如何比赛**。

甚至在没有安排训练的休息日，你最不应该采取的休息方式也是躺下来什么也不做。我知道你很疲惫，肌肉酸痛，但请你起来。我不

是要求你去跑一场马拉松，但至少走动走动，释放掉体内的乳酸，使用一下自己新发展起来的肌肉纤维。我保证，一旦你动起来，绝对会感觉棒极了。

1. 对自己说"我想要"，而不是"我不得不"

真相是，没什么是你必须做的。没人逼你训练，没人逼你把自己弄得筋疲力尽，没人逼你再坚持一秒，感受身体的极限。你的人生完全由你做主。

或者，你可以选择去做那些事情。你做一件事，并非因为别人强迫你，而是因为你想做，因为你喜欢挑战，因为你对目标充满执着。别人是"不得不"训练，而你是"想要"训练。

"想要"，是你付出最大努力的第一步。

所以，你每天不是心不甘情不愿地走进健身房，训练的时候心猿意马。你去训练是因为你想赢，想开启一段伟大的旅程。我见过无数家长或教练冲着训练中的年轻运动员大喊："加油！你不是想成功吗？！"结果呢？如果孩子们的渴望并非发自内心，那他就一点儿也不想训练。

这与你的身体、你的目标和你自身对卓越的追求有关。只有你自己能决定你想训练到哪种程度，或训练对你而言有多重要。

1. 为了得到自己想要的，你决定放弃什么？

你愿意放弃什么？如果你一刻也离不开手机，如果你必须一边训练一边看电视，那么你永远无法完成"跳跃攻击"训练计划，也无法成为球场上的明星。NBA 中的每一位球员，都曾是渴望成为第一的孩子。而真正打出名堂的家伙，很少在一开始就是最优秀的那个。相信我，很多公共篮球场都有一些天赋异禀的家伙，他们原本有机会成为职业球员，但最终连门槛也没摸到。为什么拥有良好的天赋和技术，仍旧无法保证一个人成为职业球员？

　　天赋和技术，会让职业道路的大门为你开大一点，但最终能否走进去，完全取决于你自身。踏上职业之路意味着你要放弃很多东西，包括你的朋友、自由时间和娱乐活动。踏上职业之路代表着一种承诺。很少有人愿意做出这种承诺，而恪守这一承诺的人更是少之又少。

　　每个夜晚，当所有人都和朋友一起出去寻欢作乐时，你仍在健身房挥汗如雨；每个早晨，所有人还在睡觉，你却早早起床，开始为一天的忙碌做好准备，苦练到黄昏，打球至深夜。当你在梯子上爬得足够高，你会发现自己需要不停地坐大巴、乘飞机，日程表塞得满满的。你会错过别人或自己的生日，你会错过所有的节日和各种其他活动，所有这些都源于一个承诺。成就伟大，需要付出代价。如果你愿意，那么每一分付出都是值得的。

1. 要刻苦训练，更要聪明地训练

　　"跳跃攻击"训练计划讲究的是得到最好的结果。你不仅需要刻苦训练，更要在训练时认真思考，努力将训练效果最大化。所以，你还要聪明地训练。

　　太多年轻运动员因为没有得到自己想要的结果而垂头丧气。"我很努力地训练了，"他们说，"但都是白费力气。"好吧，你的训练方法正

确吗？你是用错误的姿势练了 100 个俯卧撑，还是用正确的姿势练了 50 个俯卧撑？你有扎实打基础吗？还是把时间花在了练习花哨的扣篮上？世界上有两种运动员，一种追求外在，一种勤勤恳恳。追求外在的家伙只想扣篮，不愿打基础，那又怎么可能出类拔萃？

真正伟大的运动员，既能在场上大出风头，也能练好基本功。 他们并不是坐着不动，等着自己的明星光环自动出现。他们一点一滴，为自己创造出那种重要时刻。训练时，他们会一遍又一遍练习基本功。每个人都喜欢投三分，但聪明的训练意味着你也要在罚球上下工夫。那才是真正的训练，而不是没有目标、没有计划的埋头傻干。

经常有人对我说，他刻苦到把自己练吐了，希望我对他产生钦佩之情。但我真正想的是，你的目的是什么？是生病吗？那蠢透了！你擦干净地板，继续回到训练中，还能再付出最大的努力继续吗？你强迫自己的身体进行无效率的训练，根本是在破坏整个训练计划。

那些按照"比赛速度"训练的人也一样。这并没有错，但它并不一定代表着整个训练都要"全速"进行。在真实的比赛中，速度是不断变化的，有时风驰电掣，有时候也需要球员慢下来控制局面。所以，你也不要发疯似的狂练一个钟头，这只会让你最后厌倦训练。这样训练并不聪明。

包括职业运动员在内，我总是听到有人抱怨自己无法增重。他们训练十分勤奋，也日以继夜地不停进食，但就是无法增长肌肉。

我会问问他们是怎么训练的，又是怎么吃的，但其实我早已知道答案：他们在训练馆里不停练习投篮，没有加入任何重量训练；他们吃大量的碳水化合物来补充能量，却没有摄入足够的蛋白质促进新肌肉增长。所以，他们的身体永远那么单薄。这就是典型的刻苦训练，但并非聪明的训练。

谁都知道，如果自己为了目标而训练、进食、睡觉，你可能会实现那个目标。但知道不等于做到，这就是为什么大多数人永远得不到自己想要的结果。他们总说"没错，但……"，借口不断：

"没错，但我做不到。"

"没错，但我不想那样练。"

"没错，但我没时间。"

"没错，噼里啪啦呵呵哒……"

如果你发现自己的训练收效甚微，一定要自己找出原因，并加以纠正。这才是刻苦又聪明的训练。

1. 昂首面对失败

我不相信失败，失败是你对自己失去信心的结果。只要还在坚持、还在努力，就没有失败，你只是在为取得最终胜利而调整策略。忽略身边那些负能量的人，大多数人会拖你的后腿，告诉你"你不行"。这样他们才能对自己的失败感到宽慰。拒绝吸收负能量，没人能够定义你的成功或失败，因为你才是为自己设定目标的人。

世界上最好的球员也会遭遇挫败：伤病、球队成绩低迷、自己表现不佳。但真的勇士会在第二天准时到场，准备工作，把昨天发生的一切抛诸脑后。

1. 拒绝满足，因为还有更多事等着你去做

你真的对自己已经取得的成就感到心满意足了吗？恭喜，你不会再有进步了。只要你开始感到满足，你的职业生涯就结束了。除非你有一颗永不满足的心，否则"赢得更多，站得更高，成为最好的自己"就是一句空谈。

无论哪个行业，顶级竞争者都有一个共同点：他们总是想要更多。他们不相信所谓完满，因为那意味着再没有进步的空间。他们非常热衷于自我提升。无论是身体上，还是精神上，他们都不会放松片刻，因为他们总是一刻不停地想，自己怎样做得更好、更快、更流畅，甚至用一种前所未有的天才方法来实现目标。看着目标一个又一个地实现，感觉非常棒，但他们总是提醒自己，还有更多的目标在等着他完成。

为什么你要成为那样的人？我会给你一个理由，这同时也是你阅读本书的理由——因为它能带给你的回报实在太丰厚了。

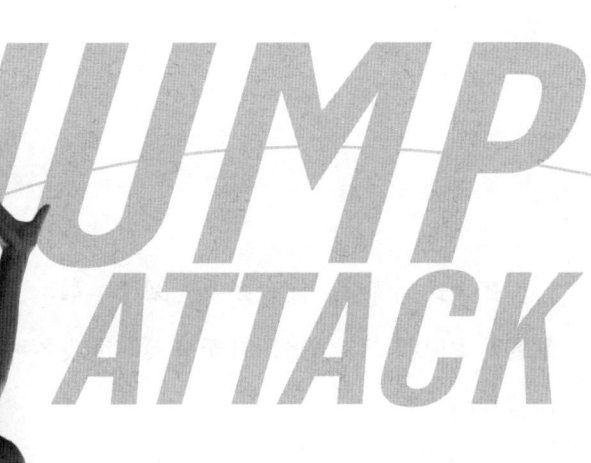

第 5 章
训练前
必读问答

在正式训练前，你有必要先阅读本章，了解"跳跃攻击"训练计划的基本说明。多年来，有无数人问过我各种问题。大多数时候我的回答都是：

"我不知道完成训练后你能不能灌篮，但你会离篮筐更近。"
"是的，你必须做深蹲。"
"呃，对不起，我不能带你见我的客户。"

但偶尔还是会有人问出一些更重要的问题，所以在我们开始正式训练前，我先对一些最常见的问题做出解答，让你对接下来的挑战更加胸有成竹。

我需要多长时间来完成整个训练计划？

"跳跃攻击"是一个为期12周的训练计划，分为3个阶段。每个阶段都会让你为下一阶段做好准备。每个阶段训练3周，然后花1周时间恢复，再进入下一阶段的训练。

训练时间表要求你每周训练4天：2天腿部训练，2天上肢训练，剩下3天是恢复期。不要轻视恢复期，请谨记我在论述"休息和恢复"章节中的话。

每次训练大约需要1小时时间。开始时，你需要的时间可能略长，到了后期则可能短一些。如果你每次训练需要花费超过75分钟，那么你的速度就太慢了，或是中途休息时间过长。我们的目的是训练速度和爆发力，所以一旦你觉得休息得差不多了，请马上继续投入训练。你一定会成功的。

训练时不需要哪些装备？

只有排除所有干扰，才能保持专注。所以以下装备完全不需要：

- 电视
- 游戏机
- 手机
- 零食

如果隔几分钟就看一下手机，可能会发现有一堆事要马上处理。10分钟后你的肌肉冷却了下来，时间也变得很紧，你很容易就会放弃剩下的训练。所以在你训练的这1个小时请保持专注，把其他事务暂时抛开，把游戏机和手机丢到一旁。等你完成了训练再娱乐也不迟。

训练时需要哪些装备？

你所需的一切装备都可以在健身房或学校训练馆中找到：

- 杠铃和铃片
- 哑铃
- 长凳
- 跳箱
- 计时器或秒表

我不想去健身房，在没有器械的情况下，我仍可以训练吗？

是的，在没有训练设施的情况下，你也可以训练。但如果你想看到自己真正的进步，还是需要准备好清单上的东西，没有捷径可以走。真正的成果需要真正的付出，就像真正的艺术家需要属于自己的工具。如果你真的没法搞到杠铃，你可以用大重量的哑铃代替，但效果可能会打折扣。提高爆发力的唯一方法是让肌肉超载，而让肌肉超载的最有效工具之一就是杠铃。如果你想得到结果，就要为结果而训练。

爆发力训练流程是什么？

爆发力训练流程是"跳跃攻击"训练计划腿部训练的关键部分。

每个训练流程包括：

1. 预先消耗练习（让肌肉轻微疲劳，放松臀大肌，让身体为训练做好准备）；
2. 肌肉等长收缩训练、增强式训练和重量训练；
3. 拉伸。

每个阶段的腿部训练都包含 5 个训练流程，全书总共 15 个。你必须按照正确的顺序练习所有动作。

躯体训练没有训练流程，但你还是要按照正确的顺序训练。大多数训练都以"超级组"作为结束。

每个阶段的训练有什么实质性不同？

每个阶段的训练都是完全不同的，它们都经过精心的设计，让你为下一阶段训练做好准备，让你的身体准备好接受更强的挑战。

阶段 1：点火。 等长收缩静力训练，将一个姿势保持一段时间。没有重量训练，也没有跳跃训练。看上去容易，其实不然。

阶段 2：蓄力。 等长收缩静力训练，然后立刻做重量训练，再加上增强式训练。你会先固定好自己的位置，然后猛做几个反复。我们要教肌肉怎么动作。我让你练弓步，不是为了把你练成弓步世界冠军,而是要增强你的爆发力。所以,我们会在实战动作中活动目标肌肉,将它调整至能够为你带来更强大运动能力的状态。

阶段3:起飞。 定时重量训练,再加上增强式训练。

我们要训练你的速度,所以看看你能以多快速度举起杠铃,让肌肉保持"火力"。

我从来没有训练过,能按照"跳跃攻击"训练计划练吗?

"跳跃攻击"训练计划并不复杂,但正确的姿势很重要,可以避免你在训练过程中受伤。这个训练计划是为有一定重量训练经验的职业运动员设计的,他们通常懂得基本的训练姿势和技术,通过最安全的动作得到最大的成效。

如果你对这份训练计划中的练习感到陌生,那么在训练之前,最好先请教一下有经验的训练师。一定要仔细研究每个动作的描述文字和参考图片。

我刚从一场严重的伤病中痊愈,需要恢复运动状态。能靠"跳跃攻击"训练计划重塑身体吗?

"跳跃攻击"并非一个恢复性训练计划。在尝试本书训练前,请先

咨询一下医生或理疗师，评估你的身体是否准备好了承受这种艰苦的训练。

"跳跃攻击"训练计划有年龄限制吗？

"跳跃攻击"训练计划适合 15 岁以上的人练习。15 岁之后，你的身体才能从重量训练中有所收效。15 岁以下的运动员，可以做阶段 1 的训练。我不建议 15 岁以下的人进行阶段 2 和阶段 3 的训练，因为你们还在长身体，骨骼密度还不够，韧带和肌腱也不够强劲。年轻运动员最好的训练就是体育项目本身，以及一些自重练习。

"跳跃攻击"训练计划仅适合篮球运动员吗？

不是的，这份训练计划适合所有运动项目的运动员。无论你从事哪个项目，"跳跃攻击"训练计划都可以让你在赛季中保持超强爆发力。足球运动中的前锋可能并不需要跳来跳去，但他需要强大的爆发力突然启动，进行长距离冲刺；游泳运动员需要强大的腿部爆发力跳下泳池；棒球运动员需要强大的爆发力来偷垒；冰球运动员需要强大的爆发力来启动；还有短跑运动员，他们不仅需要迅速起跑，还要立刻进入冲刺状态。

"跳跃攻击"训练计划的所有练习都是为了增强运动员的爆发力，让运动员可以运用不同的肌肉，以最大的力量，做出各种不同的动作。但你要教自己的肌肉应该怎么做，这就是爆发力训练流程的目的。我们不仅会做深蹲，还会进行增强式跳跃训练。这将为最强爆发力打下良好基础。

每种运动都是不同的，所以我希望你在休息日能够练练自己的老本行，让新肌肉适应你的运动项目。这就是所谓的SAID，即专项适应原则，意思是身体将学会你教给它的东西。你在训练期间打篮球，你的肌肉爆发力就会适应篮球运动的要求；如果换成另一个项目，你的爆发力就会发生另一种适应性变化。

还记得当年乔丹在职业生涯中期退役，改打棒球的事吗？在做出最终决定的前几年，他就开始让我帮他进行适合棒球运动的身体训练。乔丹是世界上运动能力最强的家伙，但即便是他，也明白自己需要进行一种完全不同的身体训练，来为另一种体育项目做准备。于是，我们进行了专门针对棒球的身体训练，重新改造肩部肌群，让乔丹投掷棒球的轨迹又直又快，而不是出现像投篮那样的弧线。他的双腿不再需要像灌篮那样高高跳起，而是需要学会沿着跑垒道冲刺，或穿过外场接球。然而，就算我们进行的是针对棒球的训练，具体方案依然是来自"跳跃攻击"中的那一套。因为"跳跃攻击"训练计划针对的是整体爆发力，而非单次垂直起跳。

当乔丹重回NBA，我们又使用"跳跃攻击"训练计划来重新训练他的肌肉。当时，他的爆发力已经适应了棒球运动，在篮球场上显得有些力不从心。他的篮球技术还在，但肌肉的工作方式变了。你的身体会随着你的运动项目改变而发生变化。如果你专门为某项运动训练，那么当你改变运动项目后，就不得不重新训练、改造肌肉。这是我喜欢看到年轻运动员同时参加好几种运动的原因之一，这样能让身体保持平衡状态，并防止运动员过度使用同样的肌群。

乔丹在季后赛前夕回归。虽然我当时知道，乔丹尚未找回在篮球场上的巅峰状态，但我们已经在最短的时间内尽可能提高了他的水准。公牛队在季后赛中输给奥兰多后，每个人都说乔丹已不再是以前的乔丹了，他老了，状态下滑了。

但我们都没有听信那些谣言。在一个休赛期的训练后，乔丹的确不再是以前那个乔丹了，他变得更强了。那个赛季，乔丹顺利地拿下了第二次"三连冠"中的第一个总冠军。"跳跃攻击"训练计划会瞄准你所需要的具体肌群，让你在任何情况下都能展现出强大的爆发力。你想在场上做什么，就怎么训练你的身体。最后，你的身体会给予你一切回报。

我能改变"跳跃攻击"训练计划的流程吗？日期呢？如果某些练习难度太大，我能跳过它们吗？

绝对不行。

制订了计划，就要按计划训练。计划中的每个安排都有其原因。所有练习都是按照我的爆发力训练流程排列，你必须按照正确的顺序做，才能收到最好的效果。其中有些部分可能你不喜欢，或觉得太难，但这没关系。如果某个动作你做不了 10 个反复，可以尽可能多做，然后稍微休息一下，再把剩下的做完。如果你完成不了标准的团身跳，我希望你尽可能做好一些。或许你每次都能进步一点，但即使你没有进步，也不能跳过这一环节。

如果你执意要跳过某些练习，或改变训练流程，那么你一定得知道，这样做很可能让你的训练结果大打折扣。这不是减肥计划，无论你选择今天做多少有氧运动，都可以燃烧掉一些卡路里。我们的目的是让你的肌肉做出一些复杂、有针对性的运动，所以你需要做这类训练，适应"不适应"，不要被身体的感受牵着走。

如果你一心想着训练有多难，它就真的很难。所以，如果你脑子里非得想着点什么，就想着自己的目标，以及达到目标后自己的无限风光吧。

为什么某些动作的反复次数和时长随训练计划递减，而非递增？

我知道，这可能和你之前的训练方式背道而驰。世界上大多数训练计划，无论是反复次数、训练时长还是重量都是递增的。因为随着你的身体越来越强壮，你的力量和耐力都在增加，当然可以做更多的反复次数，并坚持更长时间。但你现在可能也已经明白，"跳跃攻击"不是重量训练计划。

我们的训练目标和你能举起多大重量没有关系。训练的挑战在于让你的肌肉伸缩速度越来越快，而不是举起的重量越来越大。所以，随着训练深入，有些训练要求会逐渐提升，有的则会逐渐下降。某些动作的练习时长和反复次数会减少，但对跳跃高度的要求是在不断增加的。

另外，在一些考察你能多快移动杠铃片的练习中，你的负重也会增加。所以当你开始使用更重的杠铃片，或挑战更高的跳跃高度时，某些动作我不需要你再做 10 次反复了，你可以做 6 次就达到效果；静力练习也不再需要坚持 30 秒，只需 20 秒就能搞定。这听起来容易，但相信我，"跳跃攻击"训练计划从来就没有容易一说。

有专用的热身活动吗？

我不会为你准备一套专用的热身活动。如果你为"跳跃攻击"训练计划做好了准备，你应该已经知道如何热身了。

你要花 5～10 分钟让自己的肌肉和关节热起来，让体核温度（Core Temperature，指机体深部，包括心、肺、脑和腹部器官的温度，又称深部温度。——译者注）稍微上升。做热身操、跳绳、踩踩健身单车，朝各方向做开合跳，做做拉伸。

总之你要让身体热起来，放松关节，确保自己不是带着一身冷肉上战场。也别把热身搞成了正式训练，有的热身会让你消耗过多的卡路里，那不仅没有必要，而且可能会起到相反的效果。

不要想太多，就是热热身而已。

但是要记住，热身很重要，不要偷懒不做。如果你的肌肉还没有准备好你就开始训练，那么你就有受伤的风险。如果你想让自己的整个训练计划取得成功，那么就必须保证身体健康，远离伤病。你可以把自己想象成寒冷早晨的一辆汽车。要启动它不是那么容易，你需要花点儿时间，让发动机热起来。但如果发动机过热，汽车很可能会脱缸熄火。

如果训练的唯一目标是提升爆发力，我为什么需要做躯体训练？

让我来这样问你："你的双腿在运动时是独立于身体其他部位的吗？有什么运动你是用不到手臂和躯干的？"如果答案不确定，你就需要做躯体训练。

跳跃不是坐电梯。把你的身体想象成一个伸缩弹簧。你要想跳得最高，必须把全身作为一个整体来发力，才能爆发出最大的能量。无论你从事哪个体育项目，胜负都取决于你进攻时的瞬时爆发力。篮球、高尔夫、排球、足球、网球、棒球……都需要强大的爆发力才能取胜。我们要把身体训练成一个强大的整体，包括肩、臂、背、躯干核心（从胸到膝盖）和腿上的每一块肌肉。

如果在开始"跳跃攻击"训练计划前，你和你的团队已经有一个针对上肢的训练计划了，你可以选择坚持原来的训练，也可以改投"跳跃攻击"训练计划，但不要两个同时练，否则你会掉进训练过度的陷阱。

如果你没有时间完成两天的躯体训练，可以只做一天。但如果你的运动项目涉及高强度的上肢运动，比如网球、高尔夫或棒球，请坚持做两天躯体训练。

如果我没时间每周都做完整的训练会怎么样？

"跳跃攻击"训练计划会在每周给你安排4个练习日。两天练腿，两天练上肢和躯干核心。我希望你严格按照计划训练。爆发力不仅取决于双腿，还取决于整个身体。这是整个训练的核心思想。如果你真的想要提升自己的运动能力，每周练 4 天并不过分。

我知道，很多运动员还需要完成教练给自己安排的其他训练，所以你不得不根据客观条件来调整你的"跳跃攻击"训练计划。如果真的那样，以下是我的一些建议：

- 每周必须至少完成两天的下肢训练。你会取得明显的进步，但如果你进行完整的训练，你的进步会大得多。
- "跳跃攻击"训练日程表在第 1 天和第 4 天安排下肢练习。如果你需要调整，可以把第 4 天的训练挪到第 5 天，但不要缩短下肢训练期的间隔。让肌肉再次过载之前，我希望你至少有两天时间来恢复。
- 确保自己每周至少进行 1 次上肢训练，无论是按照"跳跃攻击"训练计划练，还是你自己的训练计划练。最重要的是你必须锻炼整个躯干核心，从胸部到膝盖之上，这样你的整个身体才能产生足够的爆发力。

我已经开始了"跳跃攻击"训练计划，但中途停止了；现在我想再次回到训练，我需要从头开始吗？

的确可能出现这种情况。每个人都会遇到不得不暂停训练的时候，或者仅仅是不想训练。不要把暂时的中断变成永久的假期。如果你对训练是认真的，请尽快回到正轨。你中断的时间越短，你重回正轨的速度就越快。如果"跳跃攻击"训练日程表被打断了，以下是让它回归正常的方法：

- 如果你缺席了一周或不到一周，直接从上次中断的地方开始；
- 如果你缺席了两周，请重复你最后两周的练习，然后继续练接下去的内容；
- 如果你缺席了三周或以上，请从头开始。

我可以在赛季期间进行"跳跃攻击"训练吗？还是说我只能等到休赛期？

你完全可以在赛季中进行跳跃攻击训练。职业运动员每天都练。他们每天先练球，做拉伸，有时打一场训练赛，然后我再帮他们做力量和调整训练。你完全可以复制他们的做法。

以下是把"跳跃攻击"训练计划整合到你日程表中的方法。

在第1天和第4天（腿部训练日），我需要你的双腿活力充沛，所以每天早晨第一件事就是先做"跳跃攻击"训练，然后再随队训练、练球或健身。如果你没法在早晨做跳跃攻击训练，只能把它推后，也没有关系，照练即可。我不希望你仅仅因为当天腿部有些疲劳就跳过训练。我不是说你要在完成其他训练后马上投入"跳跃攻击"训练，你可以先休息一两个小时。你的目标是从训练中得到最好的效果，所以你休息得越充分，训练效果就越好。

第2天和第5天的躯体训练也一样。在肩、臂、胸、背、腹部活力充沛时训练，你才能从中获得最大收益。理想情况下，如果你在休赛期进行"跳跃攻击"训练，那么这会让你带着更强的运动能力、更强的爆发力，以全新的姿态开启新赛季的征程。

我能在比赛日进行"跳跃攻击"训练吗？

"跳跃攻击"是一个艰苦、苛刻的训练计划，所以我不推荐你在比赛日进行。否则你可能会感到疲惫。但如果你习惯每天早晨训练，那么你的身体或许可以承受这种挑战。

我训练过很多运动员，他们都是在早晨进行重量训练，所以他们的身体已经习惯了。随后进行投篮练习，再打正式比赛时，他们的身体已经完全恢复过来了，而且从意志上已经准备好大展身手。

人们经常对我说："真不敢相信，某某运动员居然在比赛日做重量训练。"所以如果你习惯在比赛日做重量训练，那就照常。否则请检查一下你的日程安排，确保"跳跃攻击"训练期不会和比赛日发生冲突。

我如何在教练安排的训练外进行"跳跃攻击"训练？

最重要的一点是，你必须对自己的训练做出聪明的选择。如果教练给你安排了一些日常训练，那么请你小心地把它和"跳跃攻击"训练结合起来，过度训练还不如不练。

训练过多会导致训练效果下降。你的身体恢复得不够，你的肌肉也不能让你在训练中投入最大努力。如果你认为，球队训练和"跳跃攻击"训练有所冲突，去和你的教练或球队训练师谈谈，向他们展示一下"跳跃攻击"训练计划，然后一起研究如何协调。

实话说，所有优秀的训练计划都会包含深蹲、弓步、硬拉和保加利亚弓步，就像"跳跃攻击"训练计划一样。区别在于，"跳跃攻击"有特殊的流程，而且会加进一些你从未练过的小细节。你的教练或训练师应该会告诉你如何在训练中协调。

就我的经验而言，教练们一方面希望你身手矫健，一方面总是朝反方向训练。他们对某些项目的技术和技巧有深入的研究，他们能教会你如何执行特定的动作和战术，能教你如何进行比赛。但他们希望自己的球员保持体格健壮，所以你需要自己训练自己的运动能力。"跳跃攻击"训练计划能给你所需的一切。

如果你在休赛期进行"跳跃攻击"训练，那么新赛季开始时，你已彻底脱胎换骨。你当场做一些训练动作，比如弓步、踢臀跳、跃过跳箱等，让你的教练看看你有多努力，取得了多大的进步，以及你对成功有多么的渴望。

我不需要3天的休息日，我能加快训练速度吗？

超量训练不会让你更快实现目标，事实上它反而会拖慢你的训练进度。无论自我感觉如何，你都需要训练计划中安排的恢复期。"跳跃攻击"训练要求我们付出最大努力。如果肌肉疲劳，你的努力程度就会打折扣。需要休息并不是软弱的表现。恢复期是必须的，也是一个运动员有头脑的表现。

我训练到了第 4 周,还是没看到成果。我哪里做错了吗?

4 周时间或许并不足以让你看到自己的进步。事实上,如果测试得太急,你反而会发现自己的垂直弹跳成绩下降了,因为你的新肌肉还在生长。肌肉正在以全新的方式工作,你要给它们一些时间适应。

你完全没必要测试自己的垂直弹跳成绩。我不认为那是检验训练是否成功的标准。但如果一定要测,我强烈建议你在训练第 1 天后测试一次,训练第 90 天再测试第二次。不要每周、每天测试,也不要每个阶段测试。更多建议,请参考第 9 章内容。

我应该在休息和恢复的一周里做些什么?

在每个阶段为期 3 周的训练后,都有一个专门的休息周。但休息的意思并不是每天躺在沙发里吃零食。你应该出门打打球、跑跑步,练练你的体育项目,保持活动,使用自己的身体。不要做重量训练,让自己在高强度训练间隙喘口气,这是你应得的。关于休息和恢复,你可以参阅第 8 章,了解更多知识。

"跳跃攻击"训练计划能让我在自身领域中掌握出类拔萃的技能吗?

记住:"跳跃攻击"训练会增强你的爆发力和运动能力。然后你可以运用自己全新的运动能力来掌握更多运动技术，从而迈上一个新的台阶。

"跳跃攻击"训练计划并不会训练你如何投篮或传球，你需要自己去打磨这些技能。拥有强大的爆发力，并不代表你就一定能成功。我见过太多年轻运动员，他们拥有超强的身体素质，但缺乏应对比赛的技能。"跳跃攻击"训练计划或许能帮你引起教练的注意，因为谁都没法忽视一个拥有强大爆发力的运动员。但如果你的基本功太差，迟早会被教练放弃。反过来也是一样。或许你球技精湛，控球、投篮和传球样样精通，但爆发力不足。这种情况下，"跳跃攻击"训练计划毫无疑问将让你如虎添翼。

总而言之，身体训练和技术训练并不是一回事。乔丹的身体素质世界一流，但真正让他在球场上横扫千军的是他的职业精神和意志力。他明白努力训练的重要性，也明白如何把训练成果转变为比赛结果。

"跳跃攻击"训练会为你提供将身体打造得卓然不凡的蓝图。但如何把身体优势变为比赛优势，取决于你如何运用。

如果我想测试自己的垂直弹跳，应该什么时候测？

本书反复强调，垂直弹跳成绩的提升只是训练成果的一部分。你没必要用摸高来测试自己，相信我，你会在赛场上看到自己的进步。但如果你真的很想测试自己的垂直弹跳，那么请在训练第1天测试一次，然后在训练的最后1天测试一次，或完成所有腿部训练后第5天或第7天测试。训练完结后5～7天，你的腿应该已经完全恢复了活力，那时候你的垂直弹跳成绩将达到巅峰。

坚持在 90 天训练的中期测试，你或许会发现自己的垂直弹跳成绩反而下降了，因为你的肌肉正处于疲劳状态，且还在不停地生长和适应。

更多关于训练成果的细节，请参考第 9 章。

第 6 章
开始训练

阶段1：点火
腿部强化训练
躯体强化训练

"跳跃攻击"第一阶段训练的名字由来有二：

🏃 我们要让你的肌肉准备好开火；

🏃 阶段1的训练，会让你的肌肉像被火烧一样。

在阶段1的3个星期里，你要开始拉伸肌肉，教它们按正确的顺序点火。这对仍处于成长阶段的年轻运动员来说是非常重要的一个阶段。我们会让你的韧带、肌腱和关节为下一阶段的训练做好准备，让你的身体能够承受更大冲击。同时，我们还会让你为正确的跳跃做好准备，让你的起跳更平衡、有力。无论是垂直弹跳、侧向跳还是后跳，无论是两次起跳，还是三次起跳，你不再只用一个肌肉群发力，而是运用下肢和上肢的所有肌肉，产生最大的爆发力。

如果你面前有一张人体肌肉构造图，上面标亮了所有可以增强你爆发力的肌肉，那么我们正在训练的就是这些肌肉。

阶段 1	阶段 2	阶段 3
点火	蓄力	起飞

点火阶段的训练针对的是你的耐力和意志力。我们用一系列等长收缩动作，让你的肌肉、韧带和意志为下一阶段训练做好准备。练习期间，你会感觉自己仿佛置身烈焰之上，全身肌肉都在燃烧。这种全新的感觉是一时的，但如果你一直想着它，它就会燃烧得更加炽烈。

我会挑战你的意志力，因为这些训练虽然看上去很简单（比如做一个弓步，然后保持一段时间），但它们非常考验你的意志和耐力。你能坚持 60 秒吗？能坚持 90 秒吗？120 秒呢？你会自己找到答案，并发现自己适应"不适应"的能力。如果你一直想着时间，时钟上的指针就会走得很慢。它就像一场瞪眼大赛：你越是想着不要眨眼，就越想眨眼。另外，由于这些练习都是静态的，所以你能想的就是如何保持这个动作。你越着急，时间走得越慢。控制时间，把你的注意力转移到其他地方。你可以听喜欢的音乐，暂时忘记自己，或想象一下训练的终极成果，再或者干脆认真听听自己的呼吸。

如果你一直想着训练有多难，那你必将以失败告终。我不允许你失败。毫无疑问，对大多数人而言，放弃"跳跃攻击"训练比坚持下去要容易得多。当你通过第一阶段的训练后，你会发现自己的意志力有多么强大，自己将会取得多么重要的成就。

只有脖子以上的部位强大，才能保证脖子以下的部位同样强大。

为最大成果而训练

重要提示：仔细阅读文字，认真研究图片，注意所有细节。

两只手怎么放？膝盖在哪个位置？臀部放多低？眼睛应该朝哪里看？双脚并拢还是分开？图片中的姿势是最准确的。你只有精确模仿这些姿势，才能得到最大的收益，并将受伤风险降至最低。

细节改变会造成巨大的差异。你或许做过一些类似训练，但"跳跃攻击"训练动作的细节差异会给你带来完全不同的结果。哪怕是最小的变化，比如把脚放在铃片上，提起脚跟或转动手腕，也能够激活你以前没有注意过的肌肉群。很多人会说，"之前的教练都是教我那样做的"。你不说我也知道。我研究的姿势有所不同，我的运动员也是按照这种与众不同的方法练习。如果你的训练方法和其他人一样，又怎么能期望自己超过他们？

每个训练流程都以一组预先消耗练习开始，以一组拉伸练习结束。它们在所有训练流程中都一样。不要因为之前做过就跳过这些练习。它们被安排在你的训练流程中是有原因的，这对你的训练有极大的帮助。我们会预热并拉伸你的臀部。臀部越放松，就能跳得越高。如果跳过这些练习，你的臀部会紧绷，跳跃能力也将大打折扣。

如果某个动作完成不了，可以暂停一会儿，让肌肉休息一下。当你再继续时，从上次暂停的地方开始即可。每个动作的时间你都要做满，才能开始下一个动作。暂停之前，你要记录自己能将一个动作保持多久。之后的每次你都应该多

阶段 1	阶段 2	阶段 3
点火	蓄力	起飞

坚持几秒,直到你不用暂停就能完成整个练习。

🦍 保持一个动作并不代表你必须屏住呼吸。你的呼吸应该慢且深,用鼻子吸气,嘴巴呼气。

🦍 训练过程中,我们可能会交替练习两组动作,每组动作练3次。先练一组动作A,再练一组动作B,如此反复3次。如果训练流程中的某个地方只出现了一个动作,你就只需要做这个动作。

🦍 你必须做到在规定时长内保持动作,才能进入下一阶段。如果你做不到,请重复那一周的训练,直到自己做好准备开始下一阶段为止。

🦍 对于那些从左侧或右侧开始的训练:

腿部训练:第 1 天从右腿开始;第 4 天从左腿开始。

躯体训练:第 2 天从右侧开始;第 5 天从左侧开始。

🦍 大多数训练流程包含一个静力动作和一个发力动作。每组练习之间你最多只能休息 2 分钟;静力动作和发力动作的组合练习要一口气做完。这些动作在设计时就是成套的,转换时尽量不要休息。

🦍 做每个动作时,记得绷紧臀部和腹部。

🦍 做训练记录。你可以在书上做笔记,可以用手机记录,也可以专门买个笔记本。总之确保自己有一份训练日记,这样你就知道下一次要做什么。这是跟踪自身进步的最好方法。

训练计划（第1~4周）

	第1天	第2天	第3天	第4天	第5天	第6天	第7天
第1周	腿部强化训练流程1~5	躯体强化训练	休息和恢复	腿部强化训练流程1~5	躯体强化训练	休息和恢复	休息和恢复
第2周	腿部强化训练流程1~5	躯体强化训练	休息和恢复	腿部强化训练流程1~5	躯体强化训练	休息和恢复	休息和恢复
第3周	腿部强化训练流程1~5	躯体强化训练	休息和恢复	腿部强化训练流程1~5	躯体强化训练	休息和恢复	休息和恢复
第4周	恢复周	恢复周	恢复周	恢复周	恢复周	恢复周	恢复周

| 阶段 1 | 阶段 2 | 阶段 3 |
| 点火 | 蓄力 | 起飞 |

腿部强化训练流程 1~5（第 1 天和第 4 天）

训练流程 ①

消防栓式	向前 10 次，向后 10 次，侧向 10 次 换腿重复 做 1 组
踮脚深蹲静止	第 1 周：60 秒 第 2 周：90 秒 第 3 周：120 秒
踮脚深蹲起立	第 1 周：15 次反复 第 2 周：10 次反复 第 3 周：5 次反复 踮脚深蹲静止和踮脚深蹲起立交替进行。踮脚深蹲起立应紧接着踮脚深蹲静止练习，尽量把休息时间缩至最短，每完成两个动作计为 1 组。每组练习间隙最多休息 2 分钟。重复 3 次。
臀屈肌拉伸	每侧 30 秒 做 1 组

训练流程 1 练习

消防栓式

这个动作在流程 1～5 中均有重复。
第 1 天从左腿开始；第 4 天从右腿开始。

| 向前 10 次 |
| 向后 10 次 |
| 侧向 10 次 |
| 换腿重复 |

以双手、膝盖着地的姿势开始。背部保持在中间位置，腹部和臀部紧绷，手臂处于肩膀正下方，膝盖处于臀部正下方。

阶段 1	阶段 2	阶段 3
点火	蓄力	起飞

- 在保持膝盖弯曲的情况下，侧向尽量抬高一条腿，注意盆骨不要倾斜。保持肩与臀处于同一水平线，且手臂与地面垂直。整个练习动作从始至终必须保持膝盖弯曲，不能伸直。你的脚跟在整个练习过程中都贴近臀部。转动时，腿部姿势固定。
- 转动臀部，向前做 10 次圆周运动，向后做 10 次圆周运动，再侧向做 10 次圆周运动。
- 换腿并重复以上动作。

踮脚深蹲静止

| 第 1 周：60 秒 |
| 第 2 周：90 秒 |
| 第 3 周：120 秒 |

- 从深蹲姿势开始，双脚分开，与臀同宽，大腿与地面平行，挺胸，挺背，臀屈肌紧绷。
- 抬起脚跟，脚趾着地。脚趾尽可能用力压向地板。肘放在膝盖内侧，大腿用力内压，双肘用力外推。保持这个姿势。

踮脚深蹲起立

第1周：15次反复
第2周：10次反复
第3周：5次反复

- 从踮脚深蹲静止姿势开始，但肘部保持在膝盖上方。
- 做轻微的上下运动，运动幅度3～5英寸（7.6～12.7厘米），注意控制速度，保持缓慢。整个练习过程中保持膝盖弯曲，尽可能绷紧臀屈肌。不要站直，不要快速弹起。

阶段 1	阶段 2	阶段 3
点火	蓄力	起飞

臀屈肌拉伸

这个动作在训练流程 1～4 中重复。
第 1 天从右腿开始；第 4 天从左腿开始。

每侧 30 秒

- 前脚放在一块 1～2 英寸 (2.5～5 厘米) 高的铃片上，大腿与小腿的内侧夹角略小于 90 度，后膝着地，臀部向前压。
- 用与后腿非同侧的手将后脚向臀部拉，膝盖接触地板，保持不动。另一只手稍微侧向倾斜，举过头顶。保持臀部前压，直到你感觉臀部区域得到拉伸。坚持 30 秒。
- 换另外一侧，重复一次。
- 第一次做这个动作时，或许你很难用手将后脚拉向臀部。你可以先不管后脚，继续做这个动作。随着训练进行，当你的臀部逐渐放松下来，你会看到自己的进步。

训练流程 ❷

消防栓式　　向前 10 次，向后 10 次，侧向 10 次
　　　　　　换腿重复
　　　　　　做 1 组

弓步静止　　第 1 周：60 秒
　　　　　　第 2 周：90 秒
　　　　　　第 3 周：120 秒

弓步起立　　第 1 周：15 次反复
　　　　　　第 2 周：10 次反复
　　　　　　第 3 周：5 次反复
　　　　　　弓步静止和弓步起立交替进行。弓步起立应紧接着弓步静止练习，尽量把休息时间缩至最短，每完成两个动作计为 1 组。每组练习间隙最多休息 2 分钟。重复 3 次。

臀屈肌拉伸　每侧 30 秒
　　　　　　做 1 组

阶段 1	阶段 2	阶段 3
点火	蓄力	起飞

训练流程 2 练习

消防栓式

参考训练流程 1。

弓步静止

第 1 周：60 秒
第 2 周：90 秒
第 3 周：120 秒

- 前脚放在一块铃片上，大腿与地板平行，前脚跟提起。前脚掌横弓部向下大力压住铃片。
- 后腿尽可能保持笔直，并贴近地板。
- 手臂放在身体两侧，臀部紧绷。
- 保持这个姿势。

弓步起立

| 第1周：15次反复 |
| 第2周：10次反复 |
| 第3周：5次反复 |

- 从弓步静止姿势开始。
- 以缓慢、受控制的速度，上下起落身体，起落幅度为3～5英寸（7.5～13厘米）。整个练习过程中保持臀部紧绷。
- 始终保持弓步姿势不变，不要站起。

髋屈肌拉伸

参考训练流程1。

| 阶段 1 | 阶段 2 | 阶段 3 |
| 点火 | 蓄力 | 起飞 |

训练流程 ❸

消防栓式	向前 10 次，向后 10 次，侧向 10 次 换腿重复 做 1 组
抬高保加利亚弓步静止	第 1 周：60 秒 第 2 周：90 秒 第 3 周：120 秒
抬高保加利亚弓步起立	第 1 周：15 次反复 第 2 周：10 次反复 第 3 周：5 次反复 抬高保加利亚弓步静止和抬高保加利亚弓步起立交替进行。抬高保加利亚弓步起立应紧接着抬高保加利亚弓步静止练习，尽量把休息时间缩至最短，每完成两个动作计为 1 组。每组练习间隙最多休息 2 分钟。重复 3 次。
臀屈肌拉伸	每侧 30 秒 做 1 组

训练流程 3 练习

消防栓式

参考训练流程 1。

抬高保加利亚弓步静止

第 1 周：60 秒
第 2 周：90 秒
第 3 周：120 秒

- 前脚放在一块铃片上，前腿弯曲近 90 度。前脚跟稍稍抬起，重心转移至脚趾。前脚掌横弓部向下大力压住铃片。
- 后脚用一张长凳架起，脚掌横弓置于凳面。后腿尽量伸直，腿部保持紧绷。
- 保持这个动作。

阶段1	阶段2	阶段3
点火	蓄力	起飞

抬高保加利亚弓步起立

第1周：15次反复
第2周：10次反复
第3周：5次反复

- 从抬高保加利亚弓步静止姿势开始。
- 以缓慢、受控制的速度，上下起落身体，起落幅度为3～5英寸（7.5～13厘米）。整个练习过程中，保持臀部紧绷。
- 保持弓步姿势不变，不要站起。

臀屈肌拉伸

参考训练流程1。

训练流程 ④

消防栓式	向前 10 次，向后 10 次，侧向 10 次 换腿重复 做 1 组
直腿硬拉静止	第 1 周：60 秒 第 2 周：90 秒 第 3 周：120 秒
直腿硬拉起立	第 1 周：15 次反复 第 2 周：10 次反复 第 3 周：5 次反复

直腿硬拉静止和直腿硬拉起立交替进行。直腿硬拉起立应紧接着直腿硬拉静止练习，尽量把休息时间缩至最短，每完成两个动作计为 1 组。每组练习间隙最多休息 2 分钟。重复 3 次。

臀屈肌拉伸	每侧 30 秒 做 1 组

| 阶段1 | 阶段2 | 阶段3 |
| 点火 | 蓄力 | 起飞 |

训练流程 4 练习

消防栓式

参考训练流程 1。

直腿硬拉静止

| 第 1 周：60 秒 |
| 第 2 周：90 秒 |
| 第 3 周：120 秒 |

　　站立，臀部稍向后挺，双手持哑铃或杠铃（20～50 磅，9～23 千克），置于大腿前。

臀部稍向后挺，弯曲臀部，保持双腿挺直，下巴收拢，背部平直，肩膀后伸（不要向前耸拉）。在姿势不变形的情况下，将手中的哑铃或杠铃尽可能靠近地板。臀部紧绷。保持这个姿势。

阶段 1	阶段 2	阶段 3
点火	蓄力	起飞

直腿硬拉起立

第 1 周：15 次反复
第 2 周：10 次反复
第 3 周：5 次反复

- 从直腿硬拉静止姿势开始。
- 以缓慢、受控制的速度上下起落身体，起落幅度为 8～10 英寸（20～25.5 厘米）。
- 注意背部不要弓起，姿势不要变形，不要站起。

臀屈肌拉伸

参考训练流程 1。

训练流程 ⑤

消防栓式	向前 10 次，向后 10 次，侧向 10 次 换腿重复 做 1 组
V 字撑静止	第 1 周：60 秒 第 2 周：90 秒 第 3 周：120 秒
V 字撑起立	第 1 周：15 次反复 第 2 周：10 次反复 第 3 周：5 次反复 V 字撑静止和 V 字撑起立交替进行。V 字撑起立应紧接着 V 字撑静止练习，尽量把休息时间缩至最短，每完成两个动作计为 1 组。每组练习间隙最多休息 2 分钟。重复 3 次。
V 字小腿拉伸	每侧 30 秒 做 1 组

| 阶段 1 | 阶段 2 | 阶段 3 |
| 点火 | 蓄力 | 起飞 |

训练流程 5 练习

消防栓式

参考训练流程 1。

V 字撑静止

第 1 周：60 秒
第 2 周：90 秒
第 3 周：120 秒

- 手掌和脚尖着地，臀部朝向天空，双腿伸直，臀部紧绷。
- 手掌尽量靠近脚尖，身体呈一个反向 V 字。
- 脚趾用力翘起，下巴收拢。
- 保持这个姿势。

V 字撑起立

| 第 1 周：15 次反复 |
| 第 2 周：10 次反复 |
| 第 3 周：5 次反复 |

🐵 从 V 字撑静止姿势开始，尽量将脚跟压向地面，随后提起脚跟。

🐵 保持臀部紧绷。

| 阶段 1 | 阶段 2 | 阶段 3 |
| 点火 | 蓄力 | 起飞 |

V 字小腿拉伸

每侧 30 秒

- 完成 V 字撑起立后，保持反 V 字姿势。将一条腿交叉至换腿后，脚跟贴地板，保持姿势。为了更充分地拉伸，手掌可以再向脚靠拢一些。

- 换腿重复。

躯体强化训练（第2天和第5天）

注：
躯体训练并不是按流程做，所以每组练习前后没有预先消耗练习和拉伸练习。

第1周：每组练习做30秒
第2周：每组练习做60秒
第3周：每组练习做90秒

俯卧撑静止

引体向上静止

交替进行，重复3次

过头举静止

肱二头肌静止

交替进行，重复3次

肱三头肌俯卧撑静止

蛙式平板静止

交替进行，重复3次

侧式平板静止

阶段1　　　　　阶段2　　　　　阶段3
点火　　　　　蓄力　　　　　起飞

躯体强化训练

俯卧撑静止

| 第1周：30秒 |
| 第2周：60秒 |
| 第3周：90秒 |

从双手平板支撑姿势开始，脚尖着地，腹部和臀部紧绷，背部挺直，双手放在肩膀正下方。

像做俯卧撑一样，让身体下降，在此过程中，手肘向外侧弯曲，身躯保持笔直，直到胸部离地面1英寸（2.5厘米）高。保持这个姿势。

第6章
开始训练

引体向上静止

| 第1周：30秒 |
| 第2周：60秒 |
| 第3周：90秒 |

掌心朝外，抓住横杆，双手间距比肩宽稍宽，膝盖微微弯曲（不要收起），双腿交叉。

- 向上拉起，直到下巴高于横杆，肩膀向后张开。保持这个姿势。
- 如果你无法完成引体向上动作，可以跳起或借助台阶，让自己上升到高于横杆的位置，再保持这个姿势。

阶段 1	阶段 2	阶段 3
点火	蓄力	起飞

过头举静止

第 1 周：30 秒
第 2 周：60 秒
第 3 周：90 秒

🦍 你可以利用哑铃或杠铃来做这个练习。

🦍 站立，双脚打开，与肩同宽，臀部稍微后挺，杠铃置于肩膀上，掌心朝外。

将杠铃举过头顶，锁住双肘，臀部紧绷。保持这个姿势。

第 6 章
开始训练

肱二头肌静止

| 第1周 : 30 秒 |
| 第2周 : 60 秒 |
| 第3周 : 90 秒 |

双手持哑铃,放在身体两侧。手腕伸直,掌心朝外。腹部和臀部紧绷。

手举哑铃至手臂内角略小于90度的位置,不要完全举起。双肘应固定不动。保持这个位置和姿势。

阶段 1	阶段 2	阶段 3
点火	蓄力	起飞

肱三头肌俯卧撑静止

第1周：30秒
第2周：60秒
第3周：90秒

从双肘平板支撑姿势开始，脚趾着地，双手放在肩部靠前的位置，指尖朝前。

抬起你的双肘和前臂，直到双肘离地2英寸（5厘米）高。保持背部挺直，腹部和臀部紧绷。保持这个姿势。

蛙式平板静止

第 2 天从右侧开始；第 5 天从左侧开始。

| 第 1 周：30 秒 |
| 第 2 周：60 秒 |
| 第 3 周：90 秒 |

起始姿势，从双肘平板支撑开始，脚趾着地，腹部和臀部紧绷，背部挺直。双手掌心相对，与肩同宽。不要握拳。抬起一只脚。

- 提起膝盖，从侧向尽量靠近同侧的肘部，脚趾朝向侧向，保持手臂 90 度弯曲。保持这个姿势。
- 换腿重复。

阶段 1	阶段 2	阶段 3
点火	蓄力	起飞

侧式平板静止

第 1 周：30 秒
第 2 周：60 秒
第 3 周：90 秒

从侧式平板支撑姿势开始，单肘着地，另一只手臂举过头顶，腹部和臀部紧绷，背部挺直，双脚叠放。注意臀部不要沉向地板。

🦍 将上面那条腿的膝盖收起。脚踝弯曲，不要绷直。保持这个姿势。

🦍 换边重复。

休息和恢复：第 3、6、7 天和第 4 周

休息恢复日以及每个训练阶段最后的整个恢复周，都是为了让你的身体做好迎接新挑战的准备。为了训练的成功，休息恢复日和你真正的训练日同样重要。训练过程中，你的新肌肉并没有生长。实际上，训练会把你的肌肉轻微撕裂。新肌肉会在你睡觉和休息时生长。不要剥夺了让肌肉生长的机会。

在休息恢复日，继续让身体运动。你可以打打球，练练自己的项目，保持活跃，但不要做重量训练。在经历了高强度训练后，你应该让自己的肌肉好好休息。如果肌肉过于疲劳，你就无法在后续训练中投入最大的努力，因而无法保证得到最好的训练结果。

记住，如果你的训练量并没有大到需要那么长时间的休息，那么这些休息恢复日就会变成"暂停期"，你无法从中获得任何益处。如果你想取得真正的进步，请确保在训练中竭尽全力，让身体有休息和恢复的必要。

更多关于休息、恢复、伤病的问题，请参考第 8 章。

阶段2：蓄力
腿部力量训练
躯体力量训练

现在，你的身体为阶段2的训练做好了准备。我们将向肌肉发起更猛烈的进攻，把重量训练和肌肉增强式训练结合起来，赋予你无与伦比的爆发力。

准备好让肌肉过载，让你的肌肉准备好向地面施加更大的力量，检测自己的能力，以从未有过的强度逼迫自己超越极限。

在阶段1的训练中，我们的主要工作是拉伸肌肉；现在，我们要让肌肉收缩。大多数训练计划要么让你拉伸肌肉，要么令你收缩肌肉，但如果你想增强爆发力，就需要同时完成两种训练。记住，你的肌肉伸缩速度越快，爆发力就越强。就像弹橡皮筋一样，你越快拉起它并松手，它的弹力就越强。

接下来，你将体验到爆发力训练流程的强大力量。我没有把你的重量训练和肌肉增强式训练安排在不同的训练期。事实上，我把它们组合为超级组，做完一组重量训练后，马上做一组肌肉增强式训练。训练自己的肌肉，使其适应更强的爆发力，让它们本能地发动攻击。

在重量训练中,你首先需要保持一个姿势静止(就和阶段1的训练一样),然后突然爆发,每两个部分计为一组,训练你的身体进行爆发式动作。

在肌肉增强式训练中,我不仅要你跳到空中,还将训练你的身体如何落地,吸收冲击力,然后再次高高跳起。你将学会如何更快地移动并跳得更高。这不仅让你的第一跳变得更加出色,也让你的第二跳、第三跳同样优秀。

第一次做这些训练时,你或许会觉得它们的难度非常大,但如果你坚持了下来,认真做完每一次反复,并在训练中竭尽全力,就一定会看到自己的进步。我们的训练不是为了让你感觉更舒服,而是为了让你得到实实在在的效果。

为最大成果而训练

- 重要提示:仔细阅读文字,认真研究图片,注意所有细节。两只手怎么放?膝盖在哪个位置?臀部放多低?眼睛应该朝哪里看?双脚并拢还是分开?图片中的姿势是最准确的。你只有精确模仿这些姿势,才能得到最大的收益,并将受伤风险降至最低。

- 细节改变会造成巨大差异。你或许做过一些类似训练,但"跳跃攻击"训练动作的细节差异会给你带来完全不同的结果。哪怕是最小的变化,比如把脚放在铃片上,提起脚跟或转

阶段 1	阶段 2	阶段 3
点火	蓄力	起飞

动手腕，也能够激活你以前没有注意过的肌肉群。很多人会说，"之前的教练都是教我那样做的"。你不说我也知道。我研究的姿势有所不同，我的运动员也是按照这种与众不同的方法练习。如果你的训练方法和其他人一样，又怎么能期望自己超过他们？

- 每个训练流程都以一组预先消耗练习开始，以一组拉伸练习结束。它们在所有训练流程中都一样。不要因为之前做过就跳过这些练习。它们被安排在你的训练流程中是有原因的，这对你的训练有极大帮助。我们会预热并拉伸你的臀部。臀部越放松，就能跳得越高。如果跳过这些练习，你的臀部会紧绷，跳跃能力也将大打折扣。

- 在力量训练阶段，你应该选择对自己有挑战的重量进行练习，但比你在重量训练中使用的重量稍轻。你当然可以增加自己的重量，我也会如此要求。你的训练重量应该每周递增，甚至每组递增，但请确保姿势标准。如果感觉吃力，那就稍微减少一些重量。如果你感觉太轻松，请增加一点重量。但请注意，你在训练中举起多少重量，远不如你在训练中采用正确的姿势重要。

- 记住，我们是为了爆发力而训练，而非传统的举重训练计划。我不在乎你能举起多大重量，我在乎的是你能以多快的速度移动。你的爆发力源于速度而非体格。

- 如果开始时某项训练对你来说太难，请继续训练下去，到最后你一定能做到。"跳跃攻击"训练是持续的，每个阶段末尾，你都可以做到一开始做不到的事。如果从始至终你都无法完成某个练习，请暂停一下，然后再继续。你的身体或许想当逃兵，但是你的意志才是真正的决策者。请务必善始善终。

- 训练流程中我们可能会交替练习两组动作，每组动作练3次。先练一组动作A，再练一组动作B，如此反复3次。如果训练流程中的某个地方只出现了一个动作，你就只需要做这个动作。

- 做每个动作时，记得紧绷臀部和腹部。

- 对于那些从左侧或右侧开始的训练：

  腿部训练：第1天从右腿开始；第4天从左腿开始。

  躯体训练：第2天从右侧开始；第5天从左侧开始。

- 相邻动作之间的休息间隔不应超过1分钟，每组练习之间的休息间隔不应超过2分钟。

- 做训练记录。你可以在书上做笔记，可以用手机记录，也可以专门买个笔记本。总之要有一份训练日记，这样你就知道下一次要做什么。这是跟踪自身进步的最好方法。

| 阶段1 | 阶段2 | 阶段3 |
| 点火 | 蓄力 | 起飞 |

训练计划（第5~8周）

	第1天	第2天	第3天	第4天	第5天	第6天	第7天
第5周	腿部力量训练 流程6~10	躯体力量训练	休息和恢复	腿部力量训练 流程6~10	躯体力量训练	休息和恢复	休息和恢复
第6周	腿部力量训练 流程6~10	躯体力量训练	休息和恢复	腿部力量训练 流程6~10	躯体力量训练	休息和恢复	休息和恢复
第7周	腿部力量训练 流程6~10	躯体力量训练	休息和恢复	腿部力量训练 流程6~10	躯体力量训练	休息和恢复	休息和恢复
第8周	恢复周	恢复周	恢复周	恢复周	恢复周	恢复周	恢复周

腿部力量训练流程 6~10（第 1 天和第 4 天）

训练流程 ❻

臀　桥　　　每侧 15 次反复
　　　　　　　做 1 组

坐式深蹲　　第 5 周：坚持 30 秒，然后做 10 次反复
　　　　　　　第 6 周：坚持 20 秒，然后做 10 次反复
　　　　　　　第 7 周：坚持 10 秒，然后做 10 次反复

弓步踢臀跳　第 5 周：每侧 10 次反复
　　　　　　　第 6 周：每侧 8 次反复
　　　　　　　第 7 周：每侧 6 次反复
　　　　　　　坐式深蹲和弓步踢臀跳交替做，重复 3 次。

臀屈肌拉伸　每侧 30 秒
　　　　　　　做 1 组

阶段1	阶段2	阶段3
点火	蓄力	起飞

训练流程6 练习

臀 桥

第1天从右侧开始；第4天从左侧开始。

每侧15次反复

背部朝下，躺在地板上，双膝弯曲。脚掌平放，双腿张开，与肩同宽。臀部紧绷，手指指向天花板。

- 尽量抬高臀部,将一只膝盖拉向胸部。
- 另一只脚不要离开地板,脚跟着地,脚趾朝上。
- 用缓慢、受控制的动作升降臀部。放低的时候尽量贴近地板,但不能与之接触。
- 一侧做15次反复,然后回到起始姿势,开始做另一侧的练习。

阶段 1	阶段 2	阶段 3
点火	蓄力	起飞

坐式深蹲

第 5 周：坚持 30 秒，然后做 10 次反复
第 6 周：坚持 20 秒，然后做 10 次反复
第 7 周：坚持 10 秒，然后做 10 次反复

🦍 此项练习用杠铃最适合；如果没有杠铃，也可用哑铃替代。

🦍 双脚分开，与肩同宽，臀部稍微后挺，脚跟抬起，各踩在一块铃片上。杠铃置于颈后，扛于肩上。

- 臀部后挺,身躯慢慢下降,直到臀部离长凳1英寸(2.5厘米)高,臀与长凳不要接触。眼睛直视前方,不要前倾。保持这个姿势至规定时间。
- 接着开始做反复动作:短暂地坐上长凳,暂停,然后猛起。反复10次。
- 每组重量递增,或尽力而为。

阶段1	阶段2	阶段3
点火	蓄力	起飞

弓步踢臀跳

第5周：每侧10次反复
第6周：每侧8次反复
第7周：每侧6次反复

从弓步姿势开始，前腿90度弯曲，后腿向后舒展，膝盖稍微弯曲。

稍降身姿，积蓄力量，全力起跳，达到最大高度，用两只脚跟踢到臀部。

- 以相同的弓步姿势落地，保持平衡，平稳着陆。
- 如有必要，再次起跳前可以将前腿弯曲角度调整至90度。
- 不要两腿交替，用同一条腿做完所有反复后，再换腿进行。

| 阶段 1 | 阶段 2 | 阶段 3 |
| 点火 | 蓄力 | 起飞 |

臀屈肌拉伸

这项练习在第 6~9 天中重复。

第 1 天从右腿开始；第 4 天从左腿开始。

| 每侧 30 秒 |

- 前脚放在一块铃片上，大腿与小腿的内侧夹角略小于 90 度，后膝着地，臀部向前压。
- 用与后腿非同侧的手将后脚向臀部拉，膝盖贴地保持不动。另一只手稍微侧向倾斜，举过头顶。保持臀部前压，直到你感觉臀部得到拉伸。坚持 30 秒。
- 换另外一侧，重复一次。
- 第一次做这个动作时，或许你很难用手将后脚拉向臀部。你可以先不管后脚，继续做这个动作。随着训练进行，当你的臀部逐渐放松下来，你会看到自己的进步。

训练流程 ❼

臀　桥　　每侧 15 次反复
　　　　　　做 1 组

反弓步　　第 5 周：坚持 30 秒，然后做 10 次反复
　　　　　　第 6 周：坚持 20 秒，然后做 10 次反复
　　　　　　第 7 周：坚持 10 秒，然后做 10 次反复

团身跳　　第 5 周：10 次反复
　　　　　　第 6 周：8 次反复
　　　　　　第 7 周：6 次反复
　　　　　　反弓步和团身跳交替做，重复 3 次。

臀屈肌拉伸　每侧 30 秒
　　　　　　做 1 组

训练流程 7 练习

臀　桥

参考训练流程 6。

反弓步

| 第 5 周：坚持 30 秒，然后做 10 次反复 |
| 第 6 周：坚持 20 秒，然后做 10 次反复 |
| 第 7 周：坚持 10 秒，然后做 10 次反复 |

双手持哑铃，垂于身体两侧，双脚站在铃片或平台上。

🏀 一只脚向后跨出一步，呈弓步姿势，前大腿和地面平行，前腿夹角略大于90度；后腿尽量伸直，膝盖不与地板接触。保持这个姿势至规定时间。

🏀 立即回到起始姿势，做10次反复。

🏀 换腿，重复静止和反复动作。

🏀 每组重量递增，或尽力而为。

阶段 1	阶段 2	阶段 3
点火	蓄力	起飞

团身跳

第 5 周：10 次反复
第 6 周：8 次反复
第 7 周：6 次反复

站立，双膝微曲，手臂放在身体两侧。

以最快速度沉下身躯，为起跳积蓄力量；这是一个快速下降并起跳的动作，在起跳前不要有任何犹豫。

尽量向上跃起，将双膝抱至胸前，下落时打开双手。确保将膝盖收至胸前，而不是将胸部压到膝盖上。

臀屈肌拉伸

参考训练流程6。

阶段 1　点火　　　阶段 2　蓄力　　　阶段 3　起飞

训练流程 ❽

臀　桥	每侧做 15 次 做 1 组

波比硬拉　　第 5 周：坚持平板支撑 30 秒，然后做 10 次
　　　　　　　　　波比硬拉
　　　　　　第 6 周：坚持平板支撑 20 秒，然后做 10 次
　　　　　　　　　波比硬拉
　　　　　　第 7 周：坚持平板支撑 10 秒，然后做 10 次
　　　　　　　　　波比硬拉

坐式跳箱　　第 5 周：10 次反复（箱子高 45～61 厘米）
　　　　　　第 6 周：8 次反复（箱子高 61～92 厘米）
　　　　　　第 7 周：6 次反复（箱子高 92～107 厘米）

波比硬拉和坐式跳箱，重复 3 次。

臀屈肌拉伸　　每侧 30 秒
　　　　　　　做 1 组

训练流程 8 练习

臀　桥

参考训练流程6。

波比硬拉

第5周：坚持平板支撑30秒，然后做10次波比硬拉
第6周：坚持平板支撑20秒，然后做10次波比硬拉
第7周：坚持平板支撑10秒，然后做10次波比硬拉

- 抓住杠铃，保持直臂平板支撑姿势，双手略比肩宽，双脚分开，与臀同宽。整个练习过程中，保持臀部紧绷。如有必要，在杠铃下垫一块毛巾或楔子，防止杠铃滚动。保持这个姿势至规定时间。
- 双手不动，双脚向前跃至杠铃位置，膝盖弯曲。

阶段1	阶段2	阶段3
点火	蓄力	起飞

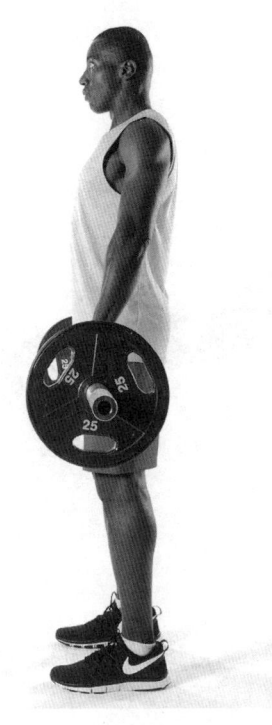

抓住杠铃,尽量靠近腿部,双臂保持笔直,站起。站起时注意用腿部和臀部发力,不要用到腰部力量。现在,将杠铃贴近你的大腿。

把刚才的动作反过来做一遍,让杠铃回到原处。

🏃 双脚后跳,回到开始时的平板支撑姿势。将完整步骤重复10次。

🏃 每组重量递增,或尽力而为。

阶段1 点火	阶段2 蓄力	阶段3 起飞

坐式跳箱

第5周：10次反复（箱子高45～61厘米）
第6周：8次反复（箱子高61～92厘米）
第7周：6次反复（箱子高92～107厘米）

坐在长凳上，双脚打开，与肩同宽，脚趾上翘，膝盖呈90度弯曲。起跳前身躯不要向后晃，双臂后摆，积蓄力量。

- 重心转移至脚掌横弓，跳上箱子。用双脚横弓着陆，然后站直。
- 走下箱子，回到起始姿势，然后重复。

臀屈肌拉伸

参考训练流程6。

阶段 1	阶段 2	阶段 3
点火	蓄力	起飞

训练流程 ⑨

臀　桥　　　每侧 15 次反复
　　　　　　　做 1 组

直腿硬拉　　第 5 周：坚持 30 秒，然后做 10 次反复
　　　　　　　第 6 周：坚持 20 秒，然后做 10 次反复
　　　　　　　第 7 周：坚持 10 秒，然后做 10 次反复

单腿踢臀跳　第 5 周：一侧先做 10 次反复，换腿重复
　　　　　　　第 6 周：一侧先做 8 次反复，换腿重复
　　　　　　　第 7 周：一侧先做 6 次反复，换腿重复
　　　　　　　直腿硬拉和单腿踢臀跳交替做，重复 3 次。

臀屈肌拉伸　每侧 30 秒
　　　　　　　做 1 组

训练流程 9 练习

臀 桥

参考训练流程 6。

直腿硬拉

| 第 5 周：坚持 30 秒，然后做 10 次反复 |
| 第 6 周：坚持 20 秒，然后做 10 次反复 |
| 第 7 周：坚持 10 秒，然后做 10 次反复 |

站立，臀部稍微后挺，手持杠铃，置于大腿前。

阶段 1	阶段 2	阶段 3
点火	蓄力	起飞

臀部稍微后挺,弯曲臀部,保持双腿挺直,下巴收拢,背部平直,肩膀后伸(不要向前耸拉)。在姿势不变形的情况下,将手中的哑铃或杠铃尽可能靠近地板。臀部紧绷。保持这个姿势至规定时间。

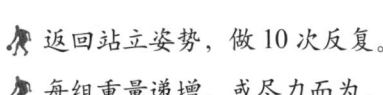
返回站立姿势,做 10 次反复。
每组重量递增,或尽力而为。

单腿踢臀跳

第 5 周：一侧先做 10 次反复，换腿重复
第 6 周：一侧先做 8 次反复，换腿重复
第 7 周：一侧先做 6 次反复，换腿重复

从单脚站立姿势开始，换腿稍微弯曲至身后。我们要练的是站立的那条腿。

- 身躯快速下沉，积蓄力量，跳起，并用站立脚的脚跟踢到自己的臀部。落地时，之前的站立脚落地并站立。
- 起跳尽量达到最高高度。
- 以尽可能快的速度完成整组练习，然后换脚重复。

臀屈肌拉伸

参考训练流程 6。

阶段 1　　　　阶段 2　　　　阶段 3
点火　　　　　蓄力　　　　　起飞

训练流程 ⑩

臀　桥　　每侧 15 次反复
　　　　　　做 1 组

负重提踵　第 5 周：坚持 30 秒，然后做 15 次反复
　　　　　　第 6 周：坚持 20 秒，然后做 15 次反复
　　　　　　第 7 周：坚持 10 秒，然后做 15 次反复

小腿拉伸　每侧 30 秒
　　　　　　做 1 组

训练流程 10 练习

臀　桥

参考训练流程 6。

负重提踵

第 5 周：坚持 30 秒，然后做 15 次反复
第 6 周：坚持 20 秒，然后做 15 次反复
第 7 周：坚持 10 秒，然后做 15 次反复

站立，脚趾踩在铃片上，脚跟踩在地板上，杠铃置于颈后，扛在肩上。

阶段 1	阶段 2	阶段 3
点火	蓄力	起飞

🦍 脚趾发力，踮脚达到最高高度，保持这个姿势至规定时间。

🦍 然后以受控制的速度慢慢放下脚跟，做 15 次反复。

🦍 每组重量递增，或尽力而为。

小腿拉伸

每侧 30 秒

- 站立，不要负重，一只脚踩住两块铃片（至少离地 4 英寸，即 10 厘米以上），脚跟悬空。
- 慢慢降下脚跟，直到你感觉小腿受到拉伸。保持姿势，不要有节奏地下压或反弹。
- 换腿重复。

阶段 1	阶段 2	阶段 3
点火	蓄力	起飞

躯体力量训练（第 2 天和第 5 天）

注：
躯体训练并不是按流程做，所以每组练习前后没有预先消耗和拉伸。在进行重量训练时，应挑选对自己而言有挑战性，且不会让动作变形的重量。每组练习重量递增，或尽力而为。

第 5 周：每个姿势保持 30 秒，然后做 10 次反复
第 6 周：每个姿势保持 60 秒，然后做 10 次反复
第 7 周：每个姿势保持 90 秒，然后做 10 次反复

俯卧撑静止并 10 次反复

引体向上静止并 10 次反复

交替进行，重复 3 次

过头举静止并 10 次反复

肱二头肌静止并 10 次反复

交替进行，重复 3 次

肱三头肌俯卧撑静止并 10 次反复

蛙式平板静止并 10 次反复

交替进行，重复 3 次

侧式平板静止并 10 次反复

躯体强化训练

俯卧撑静止并10次反复

第5周：坚持30秒，然后做10次反复
第6周：坚持60秒，然后做10次反复
第7周：坚持90秒，然后做10次反复

从双手平板支撑姿势开始，脚尖着地，腹部和臀部紧绷，背部挺直，双手放在肩膀正下方。

像做俯卧撑一样让身体下降，在此过程中，手肘向外侧弯曲，身躯保持笔直，直到胸部离地面1英寸（2.5厘米）高。保持这个姿势至规定时间，接着立即做10个俯卧撑。

阶段 1	阶段 2	阶段 3
点火	蓄力	起飞

引体向上静止并 10 次反复

第 5 周：坚持 30 秒，然后做 10 次反复
第 6 周：坚持 60 秒，然后做 10 次反复
第 7 周：坚持 90 秒，然后做 10 次反复

掌心朝外，抓住横杆，双手间距比肩宽稍宽，膝盖微微弯曲（不要收起），双腿交叉。

向上拉起，直到下巴高于横杆，肩膀向后张开。保持这个姿势至规定时间，接着立即做 10 个引体向上。

过头举静止并10次反复

第5周：坚持30秒，然后做10次反复
第6周：坚持60秒，然后做10次反复
第7周：坚持90秒，然后做10次反复

- 你可以利用哑铃或杠铃来做这个练习。
- 站立，双脚打开，与肩同宽，臀部稍微后挺，杠铃置于肩膀上，掌心朝外。

- 将杠铃举过头顶，锁住双肘，臀部紧绷。保持这个姿势至规定时间，然后将杠铃下降至肩高，膝盖微微弯曲，回到起始姿势。反复10次。
- 每组练习重量递增，或尽力而为。

阶段 1	阶段 2	阶段 3
点火	蓄力	起飞

肱二头肌静止并 10 次反复

第 5 周：坚持 30 秒，然后做 10 次反复
第 6 周：坚持 60 秒，然后做 10 次反复
第 7 周：坚持 90 秒，然后做 10 次反复

双手持哑铃，放在身体两侧。手腕伸直，掌心朝外。

- 手举哑铃至手臂内角略小于 90 度的位置，不要完全举起。双肘应固定不动。保持这个位置和姿势置规定时间，然后放下，再次举起。反复 10 次。
- 每组练习重量递增，或尽力而为。

第 6 章 开始训练

肱三头肌俯卧撑静止并10次反复

第5周：坚持30秒，然后做10次反复
第6周：坚持60秒，然后做10次反复
第7周：坚持90秒，然后做10次反复

从双肘平板支撑姿势开始，脚趾着地，双手放在肩部靠前的位置，指尖朝前，臀部紧绷。

抬起你的双肘和前臂，直到双肘离地2英寸（5厘米）高。保持背部挺直，腹部和臀部紧绷。保持这个姿势至规定时间。

阶段 1	阶段 2	阶段 3
点火	蓄力	起飞

🦍 立即抬起身躯，变为双手平板支撑姿势，并开始完成前臂俯卧撑，将手肘降至地板，回到双肘平板支撑姿势；然后用力推起自己，回到双手平板支撑姿势。做 10 次反复。

🦍 不要让手掌向前滑动，食指和拇指要始终紧贴地板。

蛙式平板静止并 10 次反复

第 2 天从右侧开始；
第 5 天从左侧开始。

| 第 5 周：坚持 30 秒，然后做 10 次反复 |
| 第 6 周：坚持 60 秒，然后做 10 次反复 |
| 第 7 周：坚持 90 秒，然后做 10 次反复 |

从双肘平板支撑姿势开始，脚趾着地，腹部和臀部紧绷，背部挺直。双手掌心相对，与肩同宽。不要握拳。抬起一只脚。

提起膝盖,从侧向尽量靠近同侧的肘部,脚趾朝向侧向,保持手臂90度弯曲。保持这个姿势至规定时间。

- 将腿伸直,回归原位;再次提起膝盖,做10次反复。
- 换腿重复整套动作,并做10次反复。

侧式平板静止并10次反复

第5周：坚持30秒，然后做10次反复
第6周：坚持60秒，然后做10次反复
第7周：坚持90秒，然后做10次反复

从侧式平板支撑姿势开始，单肘着地，另一只手臂举过头顶，腹部和臀部紧绷，背部挺直，双脚叠放。注意臀部不要沉向地板。

将上面那条腿的膝盖收起。脚踝弯曲，不要绷直。保持这个姿势至规定时间。

- 转动躯干（保持位于上方的腿抬起，且膝盖弯曲），直到双肩与地面平行，手臂在胸部下方完全伸展。
- 回到起始姿势，做10次反复。
- 换边重复。

阶段 1	阶段 2	阶段 3
点火	蓄力	起飞

休息和恢复：第 3、6、7 天和第 8 周

休息恢复日以及每个训练阶段最后的整个恢复周，都是为了让你的身体做好迎接新挑战的准备。为了训练的成功，休息恢复日和你真正的训练日同样重要。训练过程中，你的新肌肉并没有生长。实际上，训练会把你的肌肉轻微撕裂。新肌肉会在你睡觉和休息时生长。不要剥夺了让肌肉生长的机会。

在休息恢复日，继续让身体运动。你可以打打球，练练自己的项目，保持活跃，但不要做重量训练。在经历了高强度训练后，你应该让自己的肌肉好好休息。如果肌肉过于疲劳，你就无法在后续训练中投入最大的努力，因而无法保证得到最好的训练结果。

记住，如果你的训练量并没有大到需要那么长时间的休息，那么这些休息恢复日就会变成"暂停期"，你无法从中获得任何益处。如果你想取得真正的进步，请确保在训练中竭尽全力，让身体有休息和恢复的必要。

更多关于休息、恢复、伤病的问题，请参考第 8 章。

阶段 3：起飞

终于，我们迎来了期待已久的阿泰克深跳（Attack Depth Jumps）！

现在你明白，我们之前一直在为最难的训练打基础，以一种特殊的方式训练你的身体。至此你已经为飞翔做好了准备。经过训练后，你的肌肉能产生让你腾空的力量，并在落地时吸收力量，从而让你再次腾空。这就是最强大爆发力的定义。不只是简单的垂直起跳，而是释放一种持续不懈的力量，让你能反复朝各个方向跳跃。

阶段 3 的练习会将你新的爆发力和速度相结合：我会计算在限定时间内你能做多少次反复。你不只是在跳跃，还要在跳跃中追求速度和反复发力的次数。

这一阶段的训练会让你为最终挑战，也就是整场比赛做好准备。在训练中跳跃是一回事，在比赛中跳跃又是另一回事。我要让你的肌肉准备完毕，以便在需要做出爆发性动作时自然流畅。你要让这些动作成为条件反射，当你需要时，肌肉知道如何在那一瞬间做出快速且有力的运动。

阶段 1	阶段 2	阶段 3
点火	蓄力	起飞

你在前两个阶段所做的全部训练都是为阶段 3 做准备。

如果你在"跳跃攻击"训练计划的开始阶段就尝试了阿泰克深跳，那你可能在一天内就会选择放弃。你的身体还没准备好以正确的姿势落地，你的臀部、膝盖和脚踝还没准备好面对这种挑战。但现在，它们已经准备好了。我不仅训练了你的起跳能力，更培养了你落地后再次腾空的能力，让你能在落地时吸收冲击，并爆发出新的力量。

你在阶段 1 和阶段 2 所做的所有核心训练，将在阶段 3 中收获回报。阶段 3 的训练需要用到全身的力量。很多人都认为核心肌群就是指那 6 块腹肌，事实上核心肌群包括从胸部到膝盖上方的所有肌肉，无论是正面还是背面。

强大的核心肌群可以支撑你的整个身体，这正是你现在需要的。随着你的肌肉变得更加强而有力，你跳得更高了，你对臀部、膝盖和脚踝施加的压力也会增加。当你反复跳跃时，韧带和关节必须吸收大量冲击力。强大的核心肌群能防止你在接受全新的挑战时受伤。总之，你已经在前两个训练阶段打好了基础，现在是时候起飞了。

为最大成果而训练

🯅 重要提示：仔细阅读文字，认真研究图片，注意所有细节。两只手怎么放？膝盖在哪个位置？臀部放多低？眼睛应该朝哪里看？双脚并拢还是分开？照片中的姿势是最准确的。你只有精确模仿这些姿势，才能得到最大的收益，并将受伤风险降至最低。

- 细节改变会造成巨大差异。你或许做过一些类似训练，但"跳跃攻击"训练动作的细节差异会给你带来完全不同的结果。哪怕是最小的变化，比如把脚放在铃片上，提起脚跟或转动手腕，也能够激活你以前没有注意过的肌肉群。

- 每个训练流程都以一组预先消耗练习开始，以一组拉伸练习结束。它们在所有训练流程中都一样。不要因为之前做过就跳过这些练习。它们被安排在你的训练流程中是有原因的，这对你的训练有极大帮助。我们会预热并拉伸你的臀部。你的臀部越放松，就能跳得越高。如果跳过这些练习，你的臀部会紧绷，跳跃能力也将大打折扣。

- 如果某个动作完成不了，可以暂停一会儿，让肌肉休息一下。当你再继续时，从上次暂停的地方开始即可。每个动作的时间你都要做满，然后才能开始下一个动作。暂停之前，你要记录自己能将一个动作保持多久。之后每次你都应该多坚持几秒，直到你不用暂停就能完成整个练习。

- 本阶段训练中，你应选择比之前阶段更大的重量进行训练，但不要重到让你的姿势变形。我要求你以最快的速度举起那些重量，看你在30秒内能做多少次反复。但请注意，你在训练中举起多少重量，远不如你在训练中采用正确的姿势重要。当然，如果你能以正确姿势举起更大的重量，你将得到更好的效果。你当然可以增加重量，我也会这么要

阶段 1	阶段 2	阶段 3
点火	蓄力	起飞

求你。训练重量应该每周递增,甚至每组递增,但请确保你的姿势标准。如果你感觉吃力,那就稍微减少一些重量。如果你感觉太轻松,请增加一点重量。

- 记住,我们是为了爆发力而训练,而非传统的举重训练计划。我不在乎你能举起多大重量,我在乎的是你能以多快的速度移动。你的爆发力源于速度,而非体格。

- 如果一开始某项训练对你来说太难,请继续训练下去,到最后你一定能做到。"跳跃攻击"训练是持续的,每个阶段末尾,你都可以做到一开始做不到的事。如果从始至终你都无法完成某个练习,请暂停一下,然后再继续。你的身体或许想当逃兵,但你的意志才是真正的决策者。已经开始的事,请务必善始善终。

- 对于那些从左侧或右侧开始的训练:

  腿部训练:第 1 天从右腿开始;第 4 天从左腿开始。

  躯体训练:第 2 天从右侧开始;第 5 天从左侧开始。

- 每个动作之间的休息时间不应超过 1 分钟,每组练习之间的休息时间不应超过 2 分钟。

- 做每个动作时,记得绷紧臀部和腹部。

- 即便你完成了全部 11 周的训练,也请在第 12 周后再检查自己的训练成果,并在继续任何高强度训练计划前,确保身体完全恢复。

- 做训练记录,这是跟踪自身进步的最好方法。

训练计划（第9~12周）

	第1天	第2天	第3天	第4天	第5天	第6天	第7天
第9周	腿部爆发力训练 流程11~15	躯体力量训练	休息和恢复	腿部爆发力训练 流程11~15	躯体力量训练	休息和恢复	休息和恢复
第10周	腿部爆发力训练 流程11~15	躯体力量训练	休息和恢复	腿部爆发力训练 流程11~15	躯体力量训练	休息和恢复	休息和恢复
第11周	腿部爆发力训练 流程11~15	躯体力量训练	休息和恢复	腿部爆发力训练 流程11~15	躯体力量训练	休息和恢复	休息和恢复
第12周	恢复周	恢复周	恢复周	恢复周	恢复周	恢复周	恢复周

阶段 1	阶段 2	阶段 3
点火	蓄力	起飞

腿部爆发力训练流程 11~15（第 1 天和第 4 天）

训练流程 ⑪

消防栓式、桥式步行	向前 10 次，向后 10 次，侧向 10 次 换腿重复 完成 6 步桥式步行，重复 3 次 做 1 组
硬　　拉	第 9 周：30 秒内极限反复 第 10 周：20 秒内极限反复 第 11 周：15 秒内极限反复
交替踢臀剪式跳	第 9 周：每侧 10 次反复 第 10 周：每侧 8 次反复 第 11 周：每侧 6 次反复 硬拉和交替踢臀剪式跳交替做，重复 3 次。
臀屈肌拉伸	每侧 30 秒 做 1 组

训练流程 11 练习

消防栓式、桥式步行

第 1 天从右腿开始；
第 4 天从左腿开始。

向前 10 次
向后 10 次
侧向 10 次
换腿重复
做 3 次 6 步桥式步行

以双手、膝盖着地的姿势开始。背部保持在中间位置，腹部和臀部紧绷，手臂处于肩膀正下方，膝盖处于臀部正下方。

在保持膝盖弯曲的情况下，向侧向尽量抬高一条腿，注意盆骨不要倾斜。保持肩与臀处于同一水平线，且手臂与地面垂直。

| 阶段 1 | 阶段 2 | 阶段 3 |
| 点火 | 蓄力 | 起飞 |

整个练习动作从始至终必须保持膝盖弯曲，不能伸直。脚跟在整个练习过程中应贴近臀部。转动时，腿部姿势固定。

- 转动臀部，向前做 10 次圆周运动，向后做 10 次圆周运动，再侧向做 10 次圆周运动。
- 换腿重复一次。

- 随后躺下，准备进行桥式步行。
- 双脚着地，张开，与臀同宽，膝盖弯曲，臀部抬至最高。只有脚跟接触地面，脚趾指向上方。整个练习过程中臀部收紧，手臂放在身体两侧。
- 用脚跟向远离身体的方向步行，每只脚走 3 步，共计 6 步。
- 在保持臀部不与地面接触的情况下，尽量伸直双腿。暂停一下，接着双脚走回起始位置。
- 重复 3 次。

硬 拉

| 第9周：30秒内极限反复 |
| 第10周：20秒内极限反复 |
| 第11周：15秒内极限反复 |

杠铃置于脚面，双手从膝盖外侧抓住杠铃，胸部向上挺起，背部平直，臀部紧绷，杠铃贴近胫骨。

- 拉起杠铃，变成站立姿势，臀部稍微前压，小腿、臀部和大腿发力，下背部肌肉不要发力。
- 返回时，臀部稍微后翘，回到起始姿势，将杠铃放回脚面，臀部后挺，膝盖弯曲。
- 每组重量递增，或尽力而为，每组反复次数保持不变或递增。

阶段1	阶段2	阶段3
点火	蓄力	起飞

交替踢臀剪式跳

第9周：每侧10次反复
第10周：每侧8次反复
第11周：每侧6次反复

以站姿开始，双脚打开，与肩同宽。每一个反复，你都将回到这个姿势。

身体快速下沉，积蓄力量。这是一个快速动作，起跳前不要迟疑。

以最大力量向上跃起，两只脚跟踢到臀部。

落地过程中，双腿弓步劈开，落地时直接形成弓步。不要前倾。落地时，你的前腿膝盖应为90度弯曲。

阶段 1	阶段 2	阶段 3
点火	蓄力	起飞

回到起始姿势，重复以上动作，落地时交换前后腿。

髋屈肌拉伸

这项练习在训练流程 11 ~ 14 中重复。

第 1 天从右腿开始；第 4 天从左腿开始。

每侧 30 秒

- 前脚放在一块铃片上，大腿与小腿的内侧夹角略小于 90 度，后膝着地，臀部向前压。
- 用与后腿非同侧的手将后脚向臀部拉，膝盖在地板上保持不动。另一只手稍微侧向倾斜，举过头顶。保持臀部前压，直到你感觉臀部得到拉伸。坚持 30 秒。
- 换另外一侧，重复一次。
- 第一次做这个动作时，或许你很难用手将后脚拉向臀部。你可以先不管后脚，继续做这个动作。随着训练进行，当臀部逐渐放松，你会看到自己的进步。

阶段 1	阶段 2	阶段 3
点火	蓄力	起飞

训练流程 ⑫

消防栓式、桥式步行	向前 10 次，向后 10 次，侧向 10 次
	换腿重复
	完成 6 步桥式步行，重复 3 次
	做 1 组
深　蹲	第 9 周：30 秒内极限反复
	第 10 周：20 秒内极限反复
	第 11 周：15 秒内极限反复
背滚团身跳	第 9 周：10 次反复
	第 10 周：8 次反复
	第 11 周：6 次反复
	深蹲和背滚团身跳交替做，重复 3 次。
臀屈肌拉伸	每侧 30 秒
	做 1 组

训练流程 12 练习

消防栓式、桥式步行

参考训练流程 11。

深　蹲

第 9 周：30 秒内极限反复
第 10 周：20 秒内极限反复
第 11 周：15 秒内极限反复

双脚分开，与肩同宽，臀部稍微后挺，脚跟抬起，各踩在一块铃片上。杠铃置于颈后，扛在肩上。

阶段 1	阶段 2	阶段 3
点火	蓄力	起飞

🏃 控制自己的身体，臀部后翘，身躯缓慢下降，直至膝盖弯曲超过 90 度，大腿与地面平行。回归站姿。

🏃 以最快速度做完整套动作，注意姿势不要变形。

🏃 每组重量递增，或尽力而为，每组反复次数保持不变或递增。

背滚团身跳

第 9 周：10 次反复
第 10 周：8 次反复
第 11 周：6 次反复

以站姿开始，双脚分开，与臀同宽。

臀部向脚跟方向下沉。

阶段 1	阶段 2	阶段 3
点火	蓄力	起飞

腿部发力,如图向后滚,腿伸直,直至小腿稍微超过头部。

向前滚动,双脚回归地面,保持臀部下沉并靠近脚跟,不要站起。

第 6 章
开始训练

尽量向上跃起,将双膝抱至胸前,下落时打开双手。确保将膝盖收至胸前,而不是将胸部压到膝盖上。

落地时臀部高于膝盖位置,双脚横弓着地,保持平衡,落地时站稳。

| 阶段 1 | 阶段 2 | 阶段 3 |
| 点火 | 蓄力 | 起飞 |

回到起始姿势，重复 3 次。

臀屈肌拉伸

参考训练流程 11。

训练流程 ⑬

消防栓式、桥式步行	向前 10 次,向后 10 次,侧向 10 次 换腿重复 完成 6 步桥式步行,重复 3 次 做 1 组
抬高保加利亚弓步	第 9 周:单腿 30 秒极限反复,换腿重复 第 10 周:单腿 20 秒极限反复,换腿重复 第 11 周:单腿 15 秒极限反复,换腿重复
野马踢团身跳	第 9 周:10 次反复 第 10 周:8 次反复 第 11 周:6 次反复 抬高保加利亚弓步和野马踢团身跳交替做,重复 3 次。
髋屈肌拉伸	每侧 30 秒 做 1 组

阶段 1	阶段 2	阶段 3
点火	蓄力	起飞

训练流程 13 练习

消防栓式、桥式步行

参考训练流程 11。

抬高保加利亚弓步

第 9 周：单腿 30 秒极限反复，换腿重复
第 10 周：单腿 20 秒极限反复，换腿重复
第 11 周：单腿 15 秒极限反复，换腿重复

前脚放在一块铃片上，后脚借助一张长凳抬起，脚背横弓置于凳面。后腿应尽可能伸直，双手持哑铃置于身体两侧。

- 身体垂直下降，变为弓步姿势，直至膝盖弯曲至90度以上身体不要前倾。
- 身体上升，回到起始姿势。
- 完成一条腿的所有练习后，换腿重复。
- 每组重量递增或尽力而为，每组反复次数保持不变或递增。

阶段 1	阶段 2	阶段 3
点火	蓄力	起飞

野马踢团身跳

第 9 周：10 次反复
第 10 周：8 次反复
第 11 周：6 次反复

以站姿开始，双脚分开，与肩同宽。

双手前伸，置于双脚前方，手掌按住地板，膝盖弯曲。所有重量转移至双手。

双脚用最快速度,尽可能高地向后方的空中踢出。

回到刚才的姿势,脚趾着地,膝盖不要贴地。手掌位置不变。

阶段 1	阶段 2	阶段 3
点火	蓄力	起飞

快速站起,膝盖仍保持弯曲,臀部向后。

不要暂停,以最大高度做团身跳。

落地时膝盖弯曲,尽量与图中姿势一致,尤其注意臀部位置。

回归站姿,重复。

臀屈肌拉伸

参考训练流程11。

| 阶段 1 | 阶段 2 | 阶段 3 |
| 点火 | 蓄力 | 起飞 |

训练流程 ⑭

消防栓式、桥式步行	向前 10 次，向后 10 次，侧向 10 次换腿重复
	完成 6 步桥式步行，重复 3 次
	做 1 组
直腿硬拉	第 9 周：30 秒内极限反复
	第 10 周：20 秒内极限反复
	第 11 周：15 秒内极限反复
阿泰克深跳	第 9 周：5 次反复
	（箱子高 45～61 厘米）
	第 10 周：4 次反复
	（箱子高 61～92 厘米）
	第 11 周：3 次反复
	（箱子高 92～120 厘米）
	直腿硬拉和阿泰克深跳交替，重复 3 次。
臀屈肌拉伸	每侧 30 秒
	做 1 组

训练流程 14 练习

消防栓式、桥式步行

参考训练流程 11。

直腿硬拉

| 第 9 周：30 秒内极限反复 |
| 第 10 周：20 秒内极限反复 |
| 第 11 周：15 秒内极限反复 |

站立，臀部稍微后挺，手持杠铃，置于大腿前。

阶段 1	阶段 2	阶段 3
点火	蓄力	起飞

- 臀部稍微后挺，弯曲臀部，保持双腿挺直，下巴收拢，背部平直，肩膀后伸（不要向前耸拉）。在姿势不变形的情况下将手中的哑铃或杠铃尽可能靠近地板。
- 快速回归站姿，重复。记住，这一阶段你是为速度而训练，所以反复时速度要快。
- 每组重量递增或尽力而为，每组反复次数保持不变或递增。

阿泰克深跳

注：这是一组急速动作，每个步骤之间不要停顿。如果你不得不停顿下来调整姿势，请在不断练习的过程中让自己的动作变得流畅起来。

第9周：5次反复（箱子高45～61厘米）
第10周：4次反复（箱子高61～92厘米）
第11周：3次反复（箱子高92～120厘米）

双膝跪地，背部挺直。脚趾指向地板。

臀部下降，贴着脚跟。

阶段 1	阶段 2	阶段 3
点火	蓄力	起飞

快速下沉，积蓄力量后跳起，形成深蹲姿势，双脚横弓着地。

以深蹲姿势起跳，跃上箱子，着陆时膝盖稍微弯曲。

向前腾空,以最大高度跳离箱子。

| 阶段 1 | 阶段 2 | 阶段 3 |
| 点火 | 蓄力 | 起飞 |

落地时双脚横弓着地，尽量与图中姿势一致，尤其注意臀部位置。落地后站起，挺直躯干。

转身，再次面朝箱子，双膝跪地，脚趾指向地板。

臀部贴着脚跟。

快速下沉,积蓄力量后跳起,形成深蹲姿势,双脚横弓着地。

阶段 1	阶段 2	阶段 3
点火	蓄力	起飞

　　以深蹲姿势起跳，跃上箱子，着陆时膝盖稍微弯曲。着陆后站起，躯干挺直。

- 向前腾空，跳离箱子，落地时双脚横弓着地。此次跳跃并不追求最大高度，只是跳回地板。落地时尽量与图中姿势一致，尤其注意臀部位置。
- 以上所有动作计为1次反复。再次转身，以最快速度重复以上动作。

臀屈肌拉伸

参考训练流程11。

| 阶段 1 | 阶段 2 | 阶段 3 |
| 点火 | 蓄力 | 起飞 |

训练流程 ⑮

消防栓式、桥式步行　向前 10 次，向后 10 次，侧向 10 次
换腿重复
完成 6 步桥式步行，重复 3 次
做 1 组

负重提踵　第 9 周：30 秒内极限反复
第 10 周：20 秒内极限反复
第 11 周：15 秒内极限反复

做 3 组。

小腿拉伸　每侧 30 秒
做 1 组

训练流程 15 练习

消防栓式、桥式步行

参考训练流程 11。

负重提踵

第 9 周：30 秒内极限反复
第 10 周：20 秒内极限反复
第 11 周：15 秒内极限反复

站立，脚趾踩在铃片上，脚跟贴地，杠铃置于颈后，扛在肩上。

阶段 1	阶段 2	阶段 3
点火	蓄力	起飞

脚趾发力,踮脚达到最大高度,然后快速放下脚跟,在规定时间内尽量多做几次反复。注意姿势不要变形。

小腿拉伸

每侧 30 秒

- 站立,不要负重,一只脚踩住两块铃片(至少离地 4 英寸,即 10 厘米以上),脚跟悬空。
- 慢慢降下脚跟,直到你感觉小腿受到拉伸。保持姿势,不要有节奏地下压或反弹。
- 换腿重复。

阶段 1　　　　　　阶段 2　　　　　　阶段 3
点火　　　　　　　蓄力　　　　　　　起飞

躯体爆发力训练（第 2 天和第 5 天）

第 9～11 周：每个动作 30 秒内极限反复

拍掌俯卧撑

正、反手引体向上及释放

交替进行，重复 3 次

翻腕过顶举

肱二头肌弯举

交替进行，重复 3 次

抬高反 V 俯卧撑

交替蛙式平板支撑

交替进行，重复 3 次

侧式巨力平板支撑

躯体爆发力训练

拍掌俯卧撑

30秒内极限反复

从双手平板支撑姿势开始,脚尖着地,腹部紧绷,背部挺直,双手放在肩膀正下方。肘部向侧向弯曲。

胸部下降至离地面1英寸(2.5厘米)高,变为俯卧撑。

阶段1	阶段2	阶段3
点火	蓄力	起飞

🐾 借臀部和整个上身的力量,用力推起身体,让双手离开地面,并在它们落地前击掌。在规定时间内快速重复整套动作。

🐾 你可以在手掌下放一块垫子,手掌落地时能起到保护作用。

正、反手引体向上及释放

30秒内极限反复

抓住横杆,使自己悬空,掌心朝外,双手间距比肩稍宽,膝盖微微弯曲。

向上拉起,直到下巴高于横杆,用腿、臀和整个上肢发力。

阶段 1	阶段 2	阶段 3
点火	蓄力	起飞

当下巴超过横杆时，松开手掌并快速旋转手腕，令掌心朝向自己，保持反手引体向上姿势。然后降低身躯，直到手臂完全伸直。

- 再次拉起自己，令下巴超过横杆。松开手掌，快速旋转手腕，变为正手引体向上姿势。重复整套动作，每次都要转换手掌方向。
- 这是训练专业运动员的高阶动作。它对躯体爆发力和手掌转换速度有着极高的要求。如果感觉自己需要额外的帮助，可以邀请一名陪练。

阶段 1	阶段 2	阶段 3
点火	蓄力	起飞

翻腕过顶举

可以在这项练习中使用杠铃或哑铃。

30 秒内极限反复

起始姿势，杠铃置于大腿位置，臀部后翘，膝盖稍微弯曲，双手宽于肩。

提起杠铃,直到手肘侧向弯曲 90 度。手肘下沉并前移,将杠铃举在肩膀前方。

阶段 1	阶段 2	阶段 3
点火	蓄力	起飞

- 臀部后翘，弯曲膝盖，积蓄力量，迅速做出过顶举，将杠铃举至头顶正上方。
- 反向执行上述步骤，回到起始姿势。
- 每组重量递增，或尽力而为，每组反复次数保持不变或递增。

肱二头肌弯举

可以在这项练习中使用杠铃或哑铃。

30秒内极限反复

- 双手持哑铃,置于身体两侧,将哑铃直接举置超过肩膀的位置。注意手肘不要向前或向后移动。
- 在规定时间内反复,姿势不要变形。
- 每组重量递增或尽力而为,每组反复次数保持不变或递增。

阶段 1	阶段 2	阶段 3
点火	蓄力	起飞

抬高反 V 俯卧撑

30 秒内极限反复

起始姿势,脚放在箱子或长凳上,手掌贴着地板,手指指向正前方,腿尽量伸直,臀部朝向天空。髋屈肌保持紧绷。

🦍 手肘向外弯曲,头部朝地面下降,但不要贴着地板。然后将自己推回原位。

🦍 如果你觉得自己有可能向前摔倒,可以在前方放一块垫子。如果感觉自己需要额外帮助,可以邀请一名陪练,向上抬起你的臀部。

交替蛙式平板支撑

30秒内极限反复

以手掌平板支撑姿势开始,脚尖着地,腹部和臀部紧绷,背部挺直。

- 向前提起膝盖,让膝盖从身体下方穿过,朝身体另一侧的手肘运动。小腿外侧和地板平行,脚伸直。不要让小腿碰到地板,膝盖尽可能探出。
- 双腿交替,在规定时间内反复。

阶段 1	阶段 2	阶段 3
点火	蓄力	起飞

侧式巨力平板支撑

30秒内极限反复

以单手侧式平板支撑姿势，另一只手朝上方伸直，腹部和臀部紧绷，背部挺直。位于上方那条腿的膝盖朝胸部弯曲。不要让臀部沉向地板。

- 转动躯干（保持上面那条腿抬起，膝盖弯曲），直到非支撑手的前臂与地面平行，上臂与地面垂直。支撑手伸直。
- 回到侧式平板支撑姿势，反复。换边重复。

休息和恢复：第3、6、7天和第12周

虽然第12周是整个训练计划的尾声，但你仍需要一周时间完全恢复，然后再开始力量训练。如果你打算再重复一次"跳跃攻击"训练计划，那么在此之前请保证自己有2周的休息时间（更多内容参阅第10章）。

休息恢复日可以修复你的身体，为新的挑战做好准备。为了训练的成功，休息恢复日和真正的训练日同样重要，因为你的身体正是在这个过程中变得更加强壮。在健身房里，你的新肌肉并没有生长。实际上，新肌肉在你休息并从高强度训练中恢复时才会生长。休息不足，身体就不会恢复；身体不恢复，新肌肉就没有机会生长。

如果你太过疲惫，不能在训练中付出最大努力，就不能得到最佳成果。疲惫的肌肉是无效的肌肉，所以不要在休息和恢复日进行重量训练。这段时间继续让身体运动。你可以打打球，练练自己的项目，保持活动，但要保证肌肉在进行自我恢复。

更多关于休息、恢复、伤病的问题，请参考第8章。

第 7 章
管住你的嘴

本章标题的意思是："在饮食方面，你愿意牺牲多少来实现自己的梦想？"

我已记不清曾有多少运动员对我说："我愿意为比赛付出一切，我想成为最出色的那一个，尽管说吧，我需要做什么？"

我说，他得从此放弃培根双层芝士汉堡和碳酸饮料。他们怂了。

当有运动员对我说他很"饿"时，我会感到困惑：他到底是想要成功的甜蜜还是直接来个甜点？

一旦你决心成为一名真正的运动员，你的每日食谱的优先目标就是保证自身卓越的运动机能，而非满足你对炸薯条的热爱。如果你正努力让自己变得更强壮，就必须摄入那些利于肌肉生长和恢复，并能为你提供足够能量的食物。

你现在是为了竞技比赛而吃，不是为了快乐而吃。我不是要你彻底放弃自己的品味和美食，但如果你是认真对待自己的身体和运动机能，就应该注意它们之间的因果关系。把自己想象成一辆赛车，如果加错了燃料，你就跑不远也跑不快。

有些陈词滥调，不是吗？大多数运动员都知道，食物会在很大程度上决定他们打出什么样的比赛。这是基本常识。所以请向我解释一下这几个问题：

- 既然你已经为训练和比赛投入了那么多时间，为什么你仍然没有足够的决心为自己制订一份健康、高效的食谱？
- 如果你投入了巨大的精力，在健身房里流尽汗水，对天发誓一定要成为最优秀的球员，那你又怎么能转头就用胡吃海喝的方式让自己的一切努力付诸东流？
- 为何那么多的运动员都会在饮食问题上栽跟头？

我来揭晓答案吧：因为他们认为"好营养"太复杂了。应该吃什么？什么时候吃？吃多少？那太复杂或者太贵，又或者他们平时不做饭。

很多运动员都相信，一个人的饮食营养，要么完美无瑕，要么烂得出奇。而向专家或训练师求助时，他们得到的却是一张长长的清单，上面写满了这个不能吃，那个不能碰。一瞬间，他们感觉似乎失去了自己最好的朋友。不断有人在你耳旁唠叨什么食物对你不好，于是你产生了对那种食物的罪恶感。你没时间在厨房或超市里转来转去，你需要一个方便快捷的饮食计划。

在饮食方面，我相信越简单越好。每当我需要自己的球员改变饮食习惯，我就会制订一份他应付得来的饮食计划，如果它太过严苛，球员很可能坚持不了多久。

我必须面对一个现实：球员们可能不会轻易戒掉某些食物、酒精或其他一些东西。所以我会给他们一些选择。我知道，年轻小伙子们不可能放弃快餐，他们是吃着那玩意儿长大的。

但你知道快餐为什么叫"快"餐吗？因为它很快就能让你走到职业生涯的终点。不想戒掉快餐，你就得做出一些更明智的选择。

如果你想吃汉堡和炸薯条，那么不要选芝士汉堡，选鸡肉三明治。如果你感觉自己一定要吃一个芝士汉堡，那每天最多只能吃一个，别吃两个。如果你一定要吃有三片面包的培根双层芝士堡，那请你抽掉一片面包，并将培根减半。再以后，你可以试着抽掉两片面包，并再将培根减量。如果你以前必须喝两杯碳酸饮料，那以后能否改成一杯，或是一杯白水呢？或者再狠一些，为了自己的职业生涯完全戒掉碳酸饮料？我知道，你不爱吃煎蛋白，那能否在吃一个完整煎蛋的时候，往里面加两份蛋白呢？

我会给球员们一些饮食指导，一份允许或禁止的食物清单。但我不会给他们制订严格的饮食计划，不会规定他们一餐吃多少克鸡肉，或最多吃多少颗蓝莓。每个人都会在节食问题上作弊——每个人。而且在第一次作弊后，他们就会认为自己的节食计划彻底完了，因为自己破戒了。我不希望你每天都小心翼翼地给自己盛四分之一杯奶酪，我希望你运用自己的常识。

你不需要念营养学学士，也知道吃一片烤鸡肉比吃一袋薯片好，或者吃一个水果比吃一根棒棒糖更健康。问题是：**你是否有足够强烈的渴望与决心来控制自己的嘴？还是说你受自己的嘴控制？除非你愿意做必须做的事，否则永远不可能实现自己的梦想。成功的关键在于你是否愿意放弃那些妨碍自己实现梦想的不良嗜好。**

但是，这并不代表你必须一次性把所有问题都解决。如果你认为自己可以在一夜之间彻底改变饮食习惯，你一定是在逗自己玩。通常情况下，你一开始还能坚持几天，但越到后面越难。如果你的步子突然迈得过大，会很容易把裤子撕破。记住，不积跬步无以至千里。

慢慢做出改变。分阶段实施，一点一点地改变自己的饮食习惯。我要你先确定一种自己肯定能戒掉的"不良"食物。无论是碳酸饮料、炸薯条还是冰激凌。一周后再戒掉另一种。找出一个自己可以马上改掉的坏习惯，比如深夜进食，或不吃早餐，然后改掉这个毛病。总之，一点点进步，成果自然会积累起来。

很快，你的自我感觉会越来越好，你的比赛表现会证明这一点。不久后，你就会喜欢上这种每天进步一点点的生活方式。对了，求你千万别告诉我，你爱吃什么就吃什么，照样能够打出漂亮的比赛。**如果你吃一堆垃圾食品还能打得那么好，那你养成一个健康的饮食习惯岂不是要开启一个王朝？**给专业赛车加普通的燃料，它照样可以跑得飞快，但如果你给它加一些特殊燃料，它的表现绝对会发生质变。

下面，我会为你列出一些控制饮食的方法。你做到的越多，在赛场上的表现就会越出色。每一条建议都能以某种方式提高你的运动能力。和我列出的所有清单一样，每一条建议前面标的都是序号1，因为它们的重要程度不分伯仲。

如果你能应付日常的艰苦训练，那么你就一定能应付这些基本生活方式的改变。实话说，如果你发现自己无法执行这些简单的指导，我想你应该好好反思一下，究竟有没有认真对待自己的梦想和比赛目标。我知道，要你戒糖或戒掉深夜比萨或许是一件痛苦的事，但就像我对那些专业运动员们说的一样：你无须热爱自己的工作，但必须对结果充满渴望。

1. **一天吃5顿**。作为一名运动员，你的身体能量应该保持恒定，而不是饥饿、吃撑、饥饿、吃撑……如过山车一般起伏。这意味着你要随时遏制自己的饥饿感，并维持血糖含量稳定。这样你就不会对零食产生欲望，也不会随随便便看到什么就胡吃海塞。你知道那会产生什么样的后果：零食一吃就停不下来，直到毁掉你的训练计划。

高质量的食物才能带来高质量的比赛。请像对待训练一样制订自己的饮食计划，并严格执行。以下是一份"一日五餐"的饮食范例：

- 早餐：热谷类食品，比如燕麦粥。

- 零食：允许吃一小块鸡肉，一个绿苹果，一把坚果。禁止吃甜甜圈、椒盐卷饼、冻比萨或巧克力棒。

- 午餐：碳水化合物和蛋白质，如沙拉或沙拉鸡肉卷，注意少量。吃那些不会让你吃完犯困，想打个盹的食物。如果你只买得到快餐，请选择鸡肉三明治，不要吃炸薯条。

- 零食：下午是人一天中最容易感到自己血糖下降的时候，他们容易感觉困倦。稍微吃点东西会消除这种感觉，但如果你感觉自己开始反应迟钝，不要吃糖或摄入其他无营养价值的热量。蛋白质的消化速度更慢，让你饱腹的时间更长。

- 晚餐：蛋白质，比如鸡、鱼、火鸡，还有绿色蔬菜。

1. **吃饭前和吃饭时都喝一大杯水**。这会对你的进食产生两个主要影响：第一，水会让你感觉饱一点，你不会吃得过量。第二，它会补充你体内的水分。你不需要在吃饭前、吃饭时和吃饭后再来一杯碳酸饮料或运动饮料补充热量或糖分，这些饮料会让你感觉更渴，让你渴望更多的糖。你的身体中 60%～70% 都是水，所以不要让自己缺水。

1. 在每天较早的时候摄入碳水化合物。你会在开车前加满油吗？上次你在路边抛锚，等拖车救援是什么时候？每天早晨吃一些碳水化合物，它们能让你开启精力充沛的一整天。随着夜晚临近，你开始感觉疲乏，减少碳水化合物的摄入，并增加蛋白质摄入（蛋白质会促进你的新肌肉增长）。

不要摄入你消耗不了的碳水化合物，否则你会把没用完的卡路里存储起来，变得肥胖。最重要的是，**从全谷类、水果和蔬菜中摄入碳水化合物，而不是糖、薯条和碳酸饮料。**

1. 早餐吃燕麦粥。不要对我说你没时间吃早餐！像你花时间训练和打比赛一样去吃早餐，它和所有训练、健身一样，对你的运动生涯至关重要。

热谷类食品，一碗普通的燕麦粥是合成碳水化合物的良好来源。它会为你补充能量，让你整个上午精力充沛。它不像添加了麦芽糖和果糖的甜麦片，只让你饱腹一个小时，然后一整天都感到饥饿。

我说的不是包装漂亮的美味麦片，你要吃的是普通的纯燕麦片。如果你往里面添加一些脱脂牛奶、草莓或一勺花生酱，没问题，但记住，我们的目标是减少你的糖分摄入，而不是在健康食物表面涂上厚厚的一层。我知道，很多人想在燕麦粥中加点鲜奶油、红糖、水果或其他甜甜的东西，但不要那样做，请认真对待自己的训练。

1. **选择全谷类食品，而不是白面包或小麦面包。**白面包还是小麦面包？这是加工类食品史上最不靠谱的问题。请扪心自问：如果黑面包是小麦做的，那么白面包又是什么做的呢？没错，还是小麦！只是黑面包染黑了，白面包漂白了，它们的原材料完全一致。它们和你真正需要的全谷类食品完全没有关系。

我知道有时候你没得选，但如果有可能，请区分纯粹提高你血糖的面包，和给你身体带来能量的面包。不要被"杂粮"搞糊涂了，这个名字听上去很棒，但它只不过是把很多你不需要的东西混在一起，或者只含少部分谷类，又或者它的谷类含量并不是很多。只要有可能，请认准全谷类！

如果你完全不吃面包，没关系，世界上还有很多其他优秀的碳水化合物来源。

1. **注意分量控制。**从小我们就被告知要吃光盘子里的所有东西，不要浪费粮食。但如果你是为了体育竞技而进食，你必须知道什么时候停止。健康食品虽好，但也不代表你要吃到吐。

如果你遵循"一日五餐"计划，你应该永远不会饥饿到想狼吞虎咽的地步。当你坐下来吃饭时，请记住这不是你这辈子最后一顿饭。几个小时后你还要继续进餐。一条常识是：吃饱不吃撑。感恩节一年只有一次，剩下的364天，请有意识地控制自己的饮食。

1. **最好每餐都吃一些绿色蔬菜。**低卡路里、低糖、高营养，绿色蔬菜对人体百利而无一害。但为什么我要强调是绿色蔬菜，而不是所有蔬菜呢？因为其他颜色的蔬菜含糖量更高。胡萝卜和白薯营养价值也很高，但同时它们含糖量也高。你可以吃这些蔬菜，但重点仍要放在绿色蔬菜上，比如西兰花、菠菜、四季豆、生菜和芦笋等。

1. **当你就是想吃点零食的时候**。出现这种情况很正常，你又不是机器人，有时你就是管不住嘴。当你想吃零食（除了那五餐之外），吃个青苹果。青苹果纤维素含量更高，且不像红苹果那样甜。

为什么选苹果？因为苹果吃完了就是吃完了，如果你抱着一碗樱桃、葡萄或干果坐下来，那你就会不停地把手伸进碗里，直到撑得走不动路为止。其他小型零食也一样。从几颗变成一把，从零食变为加餐。如果你感到饥饿，吃个苹果，保证你在下一顿饭前都不会饿。

1. **每两周破一次戒**。就像隔一段时间就要停止训练休息几天一样，你也应该隔段时间就暂停饮食计划，享受一下。我不是要你到时候变得像饿死鬼一样吃，而是说你到时候可以吃一些在饮食计划之外，但对身体好的东西，冲击一下身体的新陈代谢。当身体的新陈代谢任务加码，你燃烧卡路里的能力也随之升高。同时，这也是一个将高强度训练带来的压力放到一边的好机会。**隔一段时间就放松一下，有助于你将健康的饮食习惯坚持下去**。如果遇到节日或派对，好好享受一下。但记住，这里的关键词是"享受"，不要失控。

1. **如果你的目标是减肥……晚上8点之后不要再吃东西**。除非你晚上要训练或有比赛要打，晚餐之后，你都不需要再摄入任何卡路里或碳水化合物，否则它们就会储存在你体内，最终变为脂肪。如果第二天早晨醒来你还是感觉很饱，那么昨天晚上最后一餐你一定是吃得太晚又吃得太多。晚上只要适当吃一点，让你能坚持到第二天早晨即可。每天早晨醒来，你应该感到饥饿，准备好好吃一顿。如果到晚上你实在太饿，就吃一些含瘦肉蛋白的食物（比如鸡肉或火鸡胸），然后喝一大杯水。不要吃甜食，不要吃薯条，不要喝碳酸饮料。

1. 如果你的目标是增重，在午夜进食也是不明智的。过饱会影响你的休息，而休息对你来说是很重要的。如果想摄入额外的卡路里，你可以在睡前吃点花生酱配果冻三明治（记得选全谷类面包），并喝一大杯牛奶。不要吃曲奇和椒盐卷饼。增重的最好方法是多往健身房跑，而不是在深夜大嚼零食。

我希望你遵循所有的指导，但如果要我总结成一点，帮助你提高整体表现，那就是控制糖分摄入，并学会分析食物和饮料的含糖量。原因并不仅在于减少卡路里，虽然我确实希望你控制体重。更重要的是，你摄入糖分的方式会影响你的运动能力。我希望你的精力和血糖水平保持稳定，不要出现突然的高峰或低谷，这样你就能在较长时间内发挥最高的竞技水平。不要让血糖忽高忽低或突然猛降，避免突然出现四肢无力的情况。简言之，不要靠糖来维持血糖。

控制你的食物，不要让食物来控制你。你或许会认为专业运动员在这一点上都做得很好，其实未必。一般来说，我希望我训练的所有运动员都控制自己的糖分摄入。然而，在与我开始合作之前，他们很

少有人意识到自己每天究竟摄入了多少糖分。如果你是喝着碳酸饮料、果汁，吃着薯条长大的，那么你根本不知道，如果不吃那么多糖，自己的感觉和状态究竟能有怎样的飞跃。一旦你养成了那些不良饮食习惯，就很难摆脱它们。

我曾训练过这样一名运动员，无论他怎么努力，无论我怎么训练，他的体重就是减不下去。后来我和他聊了聊饮食问题，我甚至雇了一名厨师专门为他做饭，可他的体重还是一磅不掉。最后我去了他家，和他老婆聊了一下，想看看究竟是怎么回事。我请他老婆列了一张单子，把那名运动员平时的食物全部写上。

最后我找到了问题所在：每天 2 加仑（约合 7.5 升）橙汁。

那意味着在每天开始进食前，他先摄入了好几千卡路里的能量和超过 300 克的糖分。

知道橙汁也被列为禁止项时，他惊呆了。和大多数人一样，他从小就被灌输橙汁"有益健康"这样一种观念。是的，橙汁有它的好处，含有丰富的维生素 C，但你不能指望自己每天喝一瓶橙汁还能顺利减肥。他对自己每天摄入了多少糖分完全没有概念，因为他的身体已经习惯了这种饮食结构，每天都渴望着摄入更多。他喝得越多，就越想喝。糖对人的身体会产生一种与药物类似的效应，而它也和药物一样，容易让人产生依赖。

如果你信不过我，可以问问那些专业运动员。我曾给不少球星制订过"21 日饮食计划"，帮助他们在 21 天内安全、快速地减重。那份清单上写了所有你能吃和不能吃的食物、饮料。体会一下戒糖 21 天的感觉吧，否则你永远不会知道糖对自己的影响究竟有多深。而戒糖所产生的不良反应对你可能是一种煎熬。你的一只眼睛后面会产生剧烈的疼痛感；你的身体会忽冷忽热，几欲呕吐；你会像瘾君子毒瘾发作一样浑身颤抖——你的确是在犯瘾。这是一项艰难的挑战，但结果也几乎是立竿见影的。你体内的糖分从未燃烧得如此剧烈，它会把你体内的含糖水平重新设定在正常范围，让你的运动能力每天都上一个台阶。这个减重计划的目的不在于舒适，而在于高效。

我在这方面已经积累了丰富的经验，我手下的训练师也是。所以如果你作弊了，我们马上就会知道。

有一次，我的健身房里来了一个家伙，按理来说他应该正在执行我的"21日饮食计划"，但他看上去太好了。心情愉悦、精力充沛，对训练迫不及待。我问他："减肥进行得怎么样？"

"太棒了，"他说，"完全没问题。"

过了几天，我又问他："你感觉很好吗？"

"是啊，感觉很棒。"

"你严格执行了饮食计划吧？"

"嗯，没错，我执行得很好。"

这个骗子！给我严肃一点对待减重这件事，否则就另请高明吧。

还有一名运动员，他也需要"21日饮食计划"，但我知道，一旦他开始节食就必须暂停训练。如果身体已经习惯了高水平的碳水化合物，那么降低碳水化合物的摄入会马上影响到耐力。

"每天一定要到场，"我告诉他，"我不在乎你来这里之后做了多少训练，但我要求你每天都来。"

他照做了。第三天，他拖着疲惫的身躯勉强来到健身房，在篮球

场中间躺了一整天，一动不动，导致其他人没法使用球场。

"是你要我来的！"他几乎是咆哮着对我说。

那份节食计划会挑战你的毅力，但你一旦完成，就会感觉前所未有的好。一切都会发生质变，无论是你的耐力、睡眠、皮肤还是情绪，你就是感觉棒极了。

听好了，我并不是建议你过一种完全戒糖的生活，以成为伟大的球星。但事实是，摄入的糖越多，你对糖就越渴望，这会产生恶性循环：吃糖，对糖渴望，吃更多的糖，对糖更渴望……你懂的。如果你的血糖水平得到了控制，你对糖的欲望也会随之得到控制。

一般来说，我发现每天在饮食中摄入糖分越多的球员，就越喜欢喝运动饮料，他们需要不停补充碳水化合物来填补身体的消耗。而在饮食中摄入糖分越少的球员，就越爱喝水，他们不会去碰高热量饮料，因为他们的身体根本不需要那些东西。大量摄入糖分的球员，对血糖下降的感受会很强烈；而糖分摄入较少的球员，应对血糖下降时会更加从容。

此外，在你努力工作、健身和训练时，我不会禁止你喝运动饮料补充身体消耗。在比赛或训练期间，你的确需要补充一些能量。但在你坐下来看电视或平时吃饭时，不要拿它当饮料喝！它的含糖量太高了。你喝运动饮料的目的是补充身体消耗的糖分，而不是让身体摄入额外的糖分。不要通过喝饮料来摄入卡路里。

为了维持平衡，我通常让我的球员将运动饮料和水交替饮用。你可以在补充碳水化合物的同时保持身体的水分。记住，你的身体有 60%～70% 都是由水组成的，不要让身体缺水。世界上有太多针对运动员的产品，其中一些是非常好的，还有一些则纯粹有害。如果你饮食没有节制、休息不充分、酗酒，还喝高热量饮料，你的职业生涯就将变成一场灾难。如果你想依靠运动饮料、能量饮料、咖啡因和酒精来挽救自己的比赛表现，这将造成更大的问题。只要你饮食健康，身体水分充足，休息也很充分，那又怎么会沦落到需要依靠人工合成物补充能量、提升表现的地步呢？

仔细想想：你为什么想喝能量饮料、想喝咖啡、想吃糖，或者想吃零食？因为你的身体有所缺乏，缺睡眠、缺营养、缺卡路里、缺碳水化合物，所以你的身体祈求你摄入额外的"能量"。你的身体疲倦，动作迟缓，急需燃料。

可能昨晚你玩了一个通宵的电脑或手机，导致睡眠不足，所以你需要一些额外的东西来帮助自己保持清醒。而如果你白天仍得不到休息，将会形成恶性循环。

坏习惯是最可怕的东西。我训练过一些运动员，他们声称自己每天早晨需要一杯咖啡来开启新的一天，然后会往咖啡里加10包糖、奶和不同口味的糖浆。我就想问一句："你是在吃蛋糕吧？"

我向你保证，**能量饮料和咖啡因里的兴奋剂对你在球场上的表现绝对没有任何帮助**。它们会加快你的心率，影响你的中枢神经系统和你的精准动作能力，削弱你的心理素质，让你高度紧张。而接下来，瞬间拉高的东西最终会瞬间跌落，所以你完了，在比赛打到一半的时候你就废了。无论比赛前你补充了什么都会很快耗光。等着出丑吧。

所以，减少或避免糖分和咖啡因的摄入，然后看看自己的表现有多大幅度的提升。你究竟更渴望什么？赛场成就还是甜甜圈？

最后，我们再讨论一下有关酒精的话题。结论很简单，你在球场和健身房里的一切努力都可以被酒精轻而易举地全部毁掉。你听说过"酒精中毒"吗？它的意思是，大量摄入酒精等于喝毒药。哪怕是一小口酒，都会让你的反应变得迟钝，让你的身体机能失衡，让你更容易疲倦，全方位拉低你的运动能力。

而这一切不仅发生在你喝酒当天，它会持续影响你好几天。

经常有人问我，是否应该允许自己的球员喝酒。好吧，他们都是成年人，必须自己做决定。他们和普通人一样，都喜欢偶尔放松一下。但一切必须有节制，他们必须控制自己的饮料，不能让饮料控制自己。

你能否拥有一个成功的职业生涯，取决于你是否给自己身体以表现、进步和成功的机会。随着球员年龄的增长，他们会开始明白一些事情的利害关系，知道自己需要做些什么以维持高竞技水平。他们知道，为了保住自己的身体和工作，必须作出牺牲。

相信我，在开始重视营养摄入的那一刻起，你已经领先别人一大步了。接下来，用你的球场表现去征服他们吧。

第 8 章
理疗室：
休息、恢复和伤病

承认自己的身体需要恢复并不是软弱。对训练上瘾，一天也不敢错过，导致身体跟不上野心的脚步，这才是软弱。汽车油箱满载才能跑远，而不是冒着黑烟三步一停。你也一样。休息和恢复期能为你的油箱加满油，让你在第二天跑得更快，跳得更高。

在"跳跃攻击"训练计划中，每周有3个休息日，即第3、6、7天。而在每个训练阶段的末尾，还有一整周的休息调整时间。但本训练计划中的休息并不是要你躺下来看一整天电视，它的意思是保持活跃，让你的身体适应刚获得的爆发力。

我说休息，是需要你不再进行重量训练和高强度训练，你在健身房已经待了一周，现在你要离它远远的。每天做做拉伸，用瑜伽滚轮按按身上酸痛、脆弱的部位，洗个冰浴，随便动动，打打球，练练自己的项目。

"不要躺下来看电视"这条规则有个例外：每周的一个休息日，你要把自己完全放空。精神上放松一下，脑子里不要再想着训练、打球或任何你在每周其他6天需要操心的事。这是你应得的，我希望你抓住这个放松机会。

这不是"跳跃攻击"训练计划中一个可做可不做的建议，而是必须完成的事，你没得选。休息和恢复是训练和状态调整过程中的重要组成部分。如果你的肌肉疲乏，就没法在接下去的训练中付出最大的努力，更得不到最好的结果。休息几天，让身体恢复，并不是意志或身体软弱的标志。我永远不会允许我的运动员制订一份没有休息日的训练计划。休息是训练的一部分，它允许你的身体恢复并调整，帮助你保持前进，变得更强。过于坚持不懈的训练，并不是聪明的训练。

我说的休息日，不是指某天你起晚了，感觉身体迟缓，于是临时决定放弃今天的训练。那不是休息，纯粹是懒惰。我指的是整合在训练计划中，经过设计的休息日。高效训练并不是靠运气决定，你必须精心设计自己的训练。"跳跃攻击"训练计划已经为你安排好了一切，所以你不用操心自己应该什么时候休息。按照训练计划表执行即可，不用担心其他事情。

如果你是那种训练一刻不停的家伙，而且对自己目前的表现很满意，那请想象一下，如果你有计划地休息，让身体以 90%～100% 的状态进行工作，你到时候的表现，要比你以 60%～70% 的状态出战要好多少倍！**如果你不懂得休息，就永远发挥不出巅峰状态。**

"跳跃攻击"训练计划讲究的是保持活力和强壮。这项训练的目的是将你的爆发力强化到极致，你全身的肌肉必须足够长并足够强壮。所以，我希望你能按日程表的安排进行训练：每周只安排 2 次腿部训练就够了，你再加练也得不到更好的结果。

事实上，私下加练会让你得不偿失。为什么？因为我要把你的肌肉训练得如橡皮筋般韧性十足。如果你每次弹橡皮筋的时候都把它拉得过长会发生什么？它会开始磨损，弹性下降，甚至断裂，变成一团垃圾。

"跳跃攻击"训练计划已经给你的肌肉施加了很大压力，如果你不给它们时间休息，它们最终会像过度使用的橡皮筋那样沦为废物。通过休息、营养、冰浴和补水来悉心照料自己的身体吧。

休息日还能让你给自己的精神充满电，暂时将未来的训练和艰苦工作抛诸脑后。就算是职业运动员也会过一段时间就从日常工作中脱身，清空一下自己的大脑，排除杂念。当乔丹开始为赛季做准备时，他会完全停止除训练和高尔夫以外的所有活动——高尔夫能让他的大脑休息一下，想些训练之外的事情。

其他人则会花时间和自己的孩子、家人相处，打理打理自己的商业关系，做做慈善等，总之干点和训练、比赛无关的事。哪怕你把所有精力都放在比赛上，思想也必须偶尔开开小差，否则你会疯掉。如果脖子以上的部位不够坚定，脖子以下的部位也不会变强。花点时间清空大脑，重新集中精神。

无论是职业运动员还是学生，他们都带着疑问找过我：如何进行休息和恢复，如何处理伤病等。以下是一些最常见的问题：

我的日程表被运动、读书和工作塞满了，没有多少时间睡觉。这有影响吗？

睡眠是训练和比赛最重要的组成部分之一，是你身体的恢复时间。为了让身体以100%的状态工作，你必须休息。把休息列为优先事项，

就像你要保证自己的饮食，你也要保证自己的睡眠。

晚上不要熬夜看电影或玩电脑，把电子设备关掉，上床睡觉。你将即刻看见自己的改变。

如果我在休息日有比赛怎么办？

在休息日第 3、6、7 天，你可以进行比赛或做任何事情。我只是不希望你针对已经练过的肌肉再进行重量训练。然而在那些休息日中，你应该选一天彻底放松，不要让大脑或身体涉及任何与训练或比赛有关的事。如果你不确定要如何将"跳跃攻击"训练计划安排进自己的日程表里，可以看看自己的比赛日，然后在安排"跳跃攻击"训练时至少让每周的一个休息日和比赛日不重合。如果你需要稍微调整自己的训练日，没问题，请和训练计划在最大程度上保持一致。

在"跳跃攻击"训练计划中，我会感觉酸痛吗？

我们可以这样看：如果你不训练，你将不会有任何酸痛；如果你按照正确的方式训练，你会感觉到一些酸痛，并精确地知道自己在练哪个部位。所以，如果你在周一进行了艰苦的腿部训练，那么你在本周三第二次腿部训练时可能会感到一些酸痛；如果你在周一训练得不够，那么周三时你就不会有任何感觉。我们的训练方式可能是你的身体从未经历过的，所以这会造成暂时的酸痛。这里的关键词是"临时"。

不要因为自己的身体对艰苦训练产生了反应而放弃，这就好比你在上学第一天就因为课程太难而辍学。你必须回到训练，全力投入。

每个训练阶段，你的酸痛会慢慢递减。但请注意：当你进行到新的阶段，可能会因为进行了新的训练而感受到酸痛加剧，包括臀部的暂时性不适，和其他受训肌肉的不适，比如腿部的烧灼感，但这些都是正常的。你会克服它们。

如果你感受到一些酸痛以外的东西，比如伤痛，最好立马去看一下医生。

缓解酸痛的最快方法是什么？

运动。你越使用肌肉，它们从训练时的乳酸燃烧中就恢复得越快。疲惫时，最不应该做的就是坐着不动，抱怨浑身酸痛，这会让你的恢复时间大大拉长。

使用你的身体，做一些拉伸，补充水分。另外再强调一次，你要适应"不适应"。一旦你认识到只有经历一些不适才能取得伟大成就，你就不会再想着自己的感受，而是专注于结果。当你对成果的渴望超过了对酸痛的抱怨，暂时的不舒服根本算不了什么。

如何区分受伤与单纯的疼痛？

如果你的训练姿势正确，而且做了适量的热身、放松和恢复，你的身体可能偶尔会疼痛，但受伤的可能性极小。疼痛和受伤之间有很

大的区别。疼痛表示虽然感觉不舒服，但你能够克服。受伤表示你应该停下来，接受医疗护理。

疼痛时，你可能会感觉肌肉僵硬、酸痛、有烧灼感，你完全能克服它们。拉伸酸痛部位，或使用瑜伽滚轮按摩。**继续训练可能缓解你的不适，因为你对肌肉的使用会减轻酸痛**。这种疼痛是无害的，它们是你进行了正确训练的标志。但如果你真的无法坚持，休息一两天，看能否有所恢复。如果疼痛还是无法缓解，或者你感到某个关节很痛，某条肌肉剧烈的扯痛，你很可能是受伤了。如果是这样的话，马上向球队训练师或你的医生求助。你得到正确医治的速度越快，你恢复并回到训练的速度也就越快。一般在看医生之前，你可以采取 RICE 法则处理受伤部位：

- 休息（Rest）；
- 冰敷（Ice）；
- 加压（Compression）；
- 抬高（Elevation）。

也就是将受伤部位包扎起来，敷上冰袋，并将受伤肢体抬高。

冰浴的好处是什么？

冰浴是缓解炎症和快速复原的最好方法。**从乔丹开始，我的所有客户都做过冰浴，因为冰浴的作用迅速且高效**。在高强度训练后，冰浴是让你第二天顺利回归训练并投入最大努力的最好办法。

每当有人对装满冰块的浴盆提出质疑时，我都会这样告诉他们："我们为什么要把食物保存在冰箱里？因为冷藏能让食物保存得更久，并保持新鲜。你把肉放在常温下会发生什么？腐坏！无论牛奶、芝士还是鸡蛋，不冷藏就会变质。你的身体也一样，热量不是你的朋友。"

实际上，你的身体自带了一套冷却机制，那就是排汗。发烧或头痛时，你的感觉如何？恶心，浑身发软吗？人们无法坚持一项训练的主要原因是什么？他们太热了，然后开始疲倦，最后不得不停下来。他们的核心体温过高，大大超出了热身时的温度。无论什么事物，一旦过热，都需要冷却。你的肌肉和关节与身体其他组织没有区别，当它们开始发炎红肿，冰浴就是最好的解决办法。

坐在冰块中间很舒服吗？一点也不。它是炎症和酸痛的最有效疗法吗？绝对是。你想过得舒服，还是想快速看到成果？

冰浴很简单：每天一次，每次最多10~15分钟。冰水高度齐腰，不要淹没胸部。如有可能，在训练或比赛后的1小时内进行冰浴，如果不行，任何方便的时候都可以。你可以每天都进行冰浴，而且就身体的恢复而言，冰浴能带给你最大的益处。如果弄不到冰块，用冷水也行，不是非得往水里加冰这么死板。

什么时候我应该把冰敷换成热敷？

一般情况下，除非有训练师或医生明确告知你要热敷，否则我不建议你热敷。对炎症部位进行热敷，只会让情况更糟。

当然，相比寒冷，身体更喜欢温暖，所以人们总是倾向于找各种理由进行热敷。但大多数情况下，只有冰敷才有效。

有时候热敷也会有好处。比如当你的肌肉和关节太过僵硬和酸痛，无法坚持训练时，热敷是唯一能让你放松并感觉舒适的办法。但大多数情况下，一组基本的热身运动也会给你带来同样的效果。

第 9 章
90天后不同的你

你的训练目的只有一个：成果。你所做的一切，一切的训练，都是为了最终成果。不然还能是什么？

但爆发力训练的最终成果是微妙的。你怎么知道自己已经取得了胜利？再加把劲，再努力一点点，你认为自己还能再跳得高一些，弹速再快一些……训练永远没有真正的终点。你不可能在爆发力方面取得最终的"胜利"。

所以，你怎么知道自己的"跳跃攻击"训练计划是否成功了呢？

我们要关注自己的进步。

更敏捷、更高、更快、更强、更持久……在取得最终成果前，你的提升空间很广。我知道，每个人最希望看到的是自己在垂直弹跳上的进步，但如果垂直弹跳是你唯一的追求，那你真对不起那项倾注了你全部热情的运动。

"跳跃攻击"训练计划，能让你来到有史以来离目标最近的位置。每个人的训练结果都有所差异，有的人单次起跳能力增强了，有的人二次或三次起跳能力的进步最明显。这一切在很大程度上取决于你在训练时有多积极，你是否每天按照计划进行，以及你付出多少努力。

遗传学也有一定影响，但如果你意志坚定，从心理到身体都干劲十足，就能最大限度地挖掘自身的独特天赋。

取得训练成果的最好办法是什么？准确按照本书描述的方法训练并保持姿势正确。如果你在完成某项练习上有困难，要么是因为你太心急，使用了过大的重量，要么就是你的姿势有问题。**任何时候，如果有人声称自己没有从"跳跃攻击"训练中收获成果，通常是因为他们在训练过程中一味追求自己在 30 秒内的反复次数，或他们使用了太大的重量，导致姿势变形。**比如，原本你可以轻松负重 135 磅做深蹲，但你决定再加 225 磅来挑战自己，你的动作可能会变得很吃力，甚至完全变形。这样一来，你训练得越多，反而离目标越远。很有可能在整个训练计划从头到尾，你能做的反复次数只增加了两三次。如果是这种情况，请不要惊讶，这完全正常。我更担心的是你的反复次数从 1 次变成了 10 次，如果次数增长如此迅猛，要么是因为你之前的练习强度不够大，要么就是你的姿势有问题。

我们追求的是逐渐进步。每个人的提升率是不同的，这取决于训练者的身体素质和遗传基因。只要保证训练是正确的，你绝对会进步。

如我之前所说，我不会测试运动员的垂直弹跳。我不认为垂直弹跳是对技巧或能力的一种测量。它既不能体现出你的动作有多迅捷，也不能体现你在不同方向的爆发速度，更不能反映出你的第二次和第三次起跳的能力。

另外，它肯定也反映不了一个人的承诺、决心或勇气。你在没有对手也没有压力的健身房里表现得有多好，这和我没半毛钱关系。我只关注你在比赛中能做到什么，我想看你在特训过后是怎么打球的。

如果有些家伙一定要测量自己的进步，我会在训练计划的开始阶段要求他竭尽全力来一次扣篮，虽然他可能摸不到篮筐，但我会要求他尝试2~3次，然后要他记住自己离扣篮还差多远。6~8周后，我会说："记得上次失败的扣篮吗？再试试看。"

很多人都被自己的进步吓呆了。这就是我推荐的测量进步的方式：从体育竞技的层面来测量，而不是简单的起跳摸高。

但我也知道，你们当中很多人都想通过测试垂直弹跳来把自己的训练成果做成表格。所以，我不如在这里给出一个"跳跃攻击"训练计划的专用测试指导。记住，这些测试是可以不做的，而且它只能反映你从整个训练计划中得到的一小部分收获。

在你开始第一个训练阶段之前，测试一下自己的垂直弹跳，然后在最后一个训练阶段结束（或做完最后一次腿部训练5~7天）后测一次。那时你的腿已恢复到了最佳状态，因此能在垂直弹跳测试中取得最好成绩。

在90天训练计划的进行过程中，请忍住测试的冲动。否则你可能会发现自己的垂直弹跳能力下降了，因为你的肌肉非常疲惫，它们仍在生长和适应的过程中。

- 这项测试没有标准成绩，也没有任何具体的测试可以定义你的训练结果。我们追求的是真正的提升而不是一个数字。如果你进步了，你的训练就成功了。
- 你在打比赛或进行比赛训练时，会感受到自己真正的训练成果，会发现自己可以做出以前不敢想象的动作。

🐾 或许你在第一个90天训练计划后,弹跳能力仍然没有达到极限;可能你在经过第二次甚至第三次"跳跃攻击"训练后,弹跳能力会继续上涨。即使最终你的弹跳力达到了极限,你仍然可以从"跳跃攻击"训练中得到其他方面的好处。

垂直弹跳测试

测量垂直弹跳的方式有好几种。如果你有专业设备,或想用其他方法测量,请按自己的想法做。以下是最方便的居家测量法。

- 侧身站在一堵墙旁边，食指和中指间夹一支粉笔；
- 站直，手臂伸至最长，在墙上用粉笔做出记号。这是你的初始测量值；
- 为了得到第二个测量值，你需要稍微远离墙壁，给自己留出起跳空间；

- 站在相同的位置，身体快速下沉，积蓄力量，起跳前不要停顿犹豫，双脚也不要移动；
- 全力起跳，再次在墙上留下粉笔记号，这是你的第二次测量值；
- 两次测量值的差就是你的垂直弹跳高度。

你可以尝试3次，或许每次的高度都不一样，你应取3次跳跃的最高高度。记下你的垂直弹跳成绩,也请记得,归根结底,球场上的表现才是最重要的。

第 10 章
训练永无止境

在完成90天"跳跃攻击"训练计划后,接下来要做什么?

从团身跳到波比硬拉,再到弓步踢臀跳,所有训练都完成了,你仍不想停下来,只为看看自己究竟能提升到何种境界。你已经品尝过利用强大的力量和超凡的运动能力摆脱地心引力,尽情飞翔的美妙滋味。你在一个先进、困难、高效,全世界精英运动员都极力逃避的训练计划中取得了成功。接下来要做什么呢?

做好准备,把"跳跃攻击"再练一遍。

听着,真正的卓越,并不是看你能在90天训练期里做到什么,伟大的球员永远不会停止前进的步伐,所以你也不能止步。

如果你对自己的职业成就非常认真,如果你永远不会感到满意,只因为你知道自己还有进步空间,那就从头再来一次,继续挑战自己。

好吧,你需要从头再练一次的理由?听我说:

- 你追求的是最难提升的运动能力:爆发力。很可能你在90天训练后,尚未发掘出自己的全部潜能;
- 爆发力并非恒定不变的。你的身体需要通过持续的训练来保持状态。继续训练可以帮助你巩固已取得的成绩，并向更高的目标发起挑战；

- 你永远不知道自己到底能跳多高；
- "跳跃攻击"训练计划是一项伟大的训练，只要你肯练，我保证你能成为一名更优秀的运动员。如果练完第二遍，你发现自己取得了更大的进步，请不要惊讶，因为你的身体开始习惯了这种新的运动能力。**大多数人会在重复两三次为期 90 天的训练后获得最大收益。**我说的收益是指全面的运动能力，而不仅指你的垂直弹跳。你能做到某些以前做不到的事吗？无论你练几遍，这都是对你进步的终极衡量。

如果结束"跳跃攻击"训练计划后你还想再来一次，那么请先确保你的身体从上一次训练中完全恢复了。以强壮、健康、充满活力的肌肉开始训练，你可以投入最大的努力，并得到最好的结果。

开始第二次训练前，确保自己在最后一次腿部训练结束后已经休息了 2 周。如果感觉有必要，你可以休息更长时间。当你的身体做好了再次训练的准备，你会感觉到这一点。

在两次训练间隙保持身体活跃。你可以打球，做做其他训练，展现你全新的竞技水平，但不要做重量训练和高强度训练。回归你开始"跳跃攻击"训练计划前的生活，看看你的力量和耐力到底增长了多少。

当你准备好再次开始跳跃攻击训练时，从头开始，所有训练和之前是一样的，除了以下变化：

- 训练阶段1，"静止"时间从60、90、120秒，增加到90、120、180秒，因为你的身体已经为更长时间的挑战做好了准备。如果你是第三次或更多次训练，静止时间与第二次训练一致。
- 对于重量训练，从你在上一次训练计划最后阶段使用的重量开始，逐步增加。不要回到更轻的重量上，你已经为更高的挑战做好了准备。
- 一切保持不变。无论是新训练计划还是原来的训练计划，严格按照日程表进行，为了最好的结果付出最大努力。

如果在"跳跃攻击"训练前，你从未训练过自己的跳跃技巧，那么你通过重复训练计划得到更多收获的可能性就越大，因为你的提升空间更大。90天不足以发掘出你的全部潜力。

如果你是一名久经沙场的运动员，每天都做基础训练，而且在爆发力训练上也花过大量时间，你仍然可能通过重复"跳跃攻击"训练计划取得更大进步，但记住，你提升的越多，剩下的提升空间就越小。在取得一定收获后，从生理学角度上来说，你的弹跳能力可能已经不会再次提升，每个人都有自己的极限。训练方式再先进，你的身体也会有极限。如果你练一遍，垂直弹跳能力进步了6英寸（15.2厘米）；那么在第二遍训练中，你的进步可能就没那么大了。虽然在理论上你的确可能再次提高6英寸，但你总会达到自己的极限。

即便是世界上最优秀的短跑运动员，也无法通过更多的训练让自己的比赛成绩缩短10秒。最后，你会达到稳定水平，也是自己的最高水平。你或许还能稍有提升，但上升空间已经很有限了。

另外，即便你已经达到了自己的最高起跳高度，也仍能从其他方面取得进步。那些最优秀的运动员永远不会停止对自我提升的探索。

是的，这很难，而且很多人一辈子也理解不了。但在黎明之前，你必须先感受黑暗——或许，你已经在黎明的前夕徘徊了。

如果你停下了脚步，如果你认为自己已经做得足够多，可以放缓训练的节奏，但你要准备好，自己所有已取得的进步都可能付诸东流。所以，我训练过的很多运动员到后来都把"跳跃攻击"训练计划当中的某些训练流程当成了他们的常规训练。

如果你取得了自己期望的成绩，那么你更应该继续训练。你要通过训练保住自己的胜利果实，通过训练始终立于这项运动的顶峰，并挑战更高的成就。

在开始"跳跃攻击"训练前，迈克尔·乔丹已经获得了"飞人"这一美誉，但他仍然一刻不停地反复训练，因为他想永远留在巅峰，并走得更远。把乔丹的思维方式带到你的训练和生活中，抬头，跃起，然后像乔丹一样飞！

致 谢

向所有对本书出版做出贡献的人致以真挚的感谢：我的出版代理人与合著者莎莉·莱塞·温克；Scribner 出版社的每个人，尤其是香农·韦尔奇和约翰·格林；还有摄影师吉姆·福尼与 Octane Rich Media 的优秀工作人员们。

最重要的是，感谢所有与我合作过的传奇运动员，如果没有他们对我的训练方法的信任，就不会有这本书的存在。他们对"伟大"的不懈追求证明：无论你有多么优秀，都能变得更好。

GRAND CHINA

中资海派图书

[美]蒂姆·S.格罗弗　莎莉·莱塞·温克 著
尘间 译

定价：35.00元

一本真正激发最强自我的力量之书
从优秀到卓越到无人能挡的野蛮进化

传奇私人训练师蒂姆·S.格罗弗20年内改写了乔丹、科比和韦德等众多球员的命运。他们的训练，只有20%是身体和技术上的打磨，80%是心智层面的锤炼和精神力量的锻造。在《野蛮进化》中，格罗弗首次公开多年来守口如瓶的心法，解密"进化13法则"，教你如何强化直觉直到实现雄心，如何掌控环境以及察觉对手弱点并给予致命一击！本书不仅展示超级巨星如何自我超越，并且教会读者运用这些法则，成为工作和生活的绝对主宰！

乔丹、科比御用极限训练师首度公开
"统治者"潜能激发心理学书

《广州日报》、朱彦硕、虎扑网、网易体育 倾情推荐

[美] 马歇尔·古德史密斯　马克·莱特尔　著

张尧然　译

定价：39.80 元

自律是更高级的自控
风行全球！写给成年人的习惯改造书

- 厨房里飘来培根的香味，让我们胃口大开，却忘记了医生让我们控制胆固醇的建议；
- 手机铃声响起，我们的眼神不由自主转向亮起的屏幕，却错过了朋友和家人最真挚的眼神；
- 时钟走到7：51时你保证8：00开工，半小时后你又把闹钟设在9：00，你成了"整点爱好者"，却患上了严重的拖延症。

我们的消极反应通常是环境中消极诱因的产物。它们诱使我们以完全不符合自我认知的方式对同事、父母或朋友做出反应。虽然看起来环境并不在我们的掌控中，我们却能选择自己的反应。然而，选择不等于行动，无论需求多么紧急，改变对我们来说总是很难的事。我们是优秀的策划者，但当环境在工作与生活中发挥影响时，我们就变成了蹩脚的执行者。

创建持久的行为习惯，成为你想成为的人
写给善于制定目标，却难以达成目标的你

 ✕ **READING YOUR LIFE**

人与知识的美好链接

近 20 年来,中资海派陪伴数百万读者在阅读中收获更好的事业、更多的财富、更美满的生活和更和谐的人际关系,拓展他们的视界,见证他们的成长和进步。

现在,我们可以通过电子书、有声书、视频解读和线上线下读书会等更多方式,给你提供更周到的阅读服务。

微信搜一搜
海派阅读

关注**海派阅读**,随时了解更多更全的图书及活动资讯,获取更多优惠惊喜。还可以把你的阅读需求和建议告诉我们,认识更多志同道合的书友。让海派君陪你,在阅读中一起成长。

也可以通过以下方式与我们取得联系:

📞 采购热线: 18926056206 / 18926056062　　📞 服务热线: 0755-25970306

✉ 投稿请至: szmiss@126.com　　🌐 新浪微博: 中资海派图书

更多精彩请访问中资海派官网　　www.hpbook.com.cn ▸